AI와 한국 현대시

JN435412

AI문고

인공지능 시대입니다. 기계가 인간의 인지를 대신하고, 사물이 인간을 통하지 않고 다른 사물과 직접 커뮤니케이션합니다. 이에 따른 인간 삶과 문명 변화를 정확히 이해·예측·대응하는 것은 이 시대 우리 모두의 과제입니다. AI문고는 인공지능 기술과 환경의 여러 주제를 10가지 키워드로 정리합니다. 관련 개념과 이론, 학계와 산업계의 쟁점, 우리 일상의 변화를 다룹니다. 인간과 기술의 현재, 미래를 세심히 분석합니다.

일러두기

- 인명, 작품명, 저서명, 개념어 등은 한글과 함께 괄호 안에 해당 국가의 원어를 병기했습니다.
- 외래어 표기는 현행 어문규정의 외래어표기법을 따랐습니다.
- 문학적 개념어의 띄어쓰기는 학계의 상례를 따랐습니다.

처음이세요?

전문가세요?

지금, 큐알 찍으면

🎁 AI 입문서 바로 선물

📚 당신만의 필독서 추천

📖 500권 요약본 공짜

🎧 오디오북 무료 사용

AI와 한국 현대시

정끝별

대한민국, 서울, 커뮤니케이션북스, 2025

AI와 한국 현대시

지은이 정끝별
펴낸이 박영률

초판 1쇄 펴낸날 2025년 6월 25일

커뮤니케이션북스(주)
출판 등록 2007년 8월 17일 제313-2007-000166호
02880 서울시 성북구 성북로 5-11
전화(02) 7474 001, 팩스(02) 736 5047
commbooks@commbooks.com
www.commbooks.com

이 책은 커뮤니케이션북스(주)가 저작권자와 계약해 발행했습니다.
본사의 서면 허락 없이는 어떠한 형태나 수단으로도
이 책의 내용을 이용할 수 없음을 알려드립니다.

ⓒ 정끝별, 2025

ISBN 979-11-430-0383-6 03500

책값은 뒤표지에 표시되어 있습니다.

차례

인공지능, 시를 쓰다

알파고와 인공지능-되기

인공지능 시 쓰기의 출발점은 2016년 3월 이세돌 9단과 인공지능 알파고의 대국 사건으로 소급된다. 대국 직후, 필자 또한 "알파고와 시인이 시를 겨룬다면"(《세계일보》, 2016.3.25)이라는 제목의 칼럼을 쓰면서 인공지능이 시 창작에 미칠 영향을 심각하게 고민하기 시작했다.

그 칼럼에서 필자는 '알파고'로 상징되는 인공지능이 시인과 시를 겨룬다면 누가 이기겠느냐고 물은 후 그 예상 답을 네 가지로 추렸다. 1) 세상 좋은 시들을 다 학습해 시의 주제, 동기, 목적에 맞는 표현을 무한 생성할 수 있도록 알고리즘화된 알파고가 이길 것이다. 2) 알파고가 99명의 시인을 이길 수는 있겠지만 가장 뛰어난 단 한 명의 시인을 이길 수는 없을 것이다. 3) 시를 쓰는 동안의 마음과 그 마음에 의해 선택될 언어에는 수천수만의 변수 요인이 작용하는데, 그 섬세하고 다양한 변수를 알고리즘으로 처리 불가능하므로 시인이 이길 것이다. 4) 돈이 안 되는 대결이기에 구글의 관심 밖이다.

필자는 2)와 3) 사이에 섰다. 그리고 인공지능이 시를 쓰는 데는 한계가 있을 것이라고 진단했다. 그 구체적인 근거로 ① 시의 바탕인 '시심(詩心)'이 대체 불가능한 인간 고유의 것이라서 인공지능이 학습할 수 없는 영역이라는 점, ② 인공지능이 입력값에 따른 조합과 결과에 따라 답을 찾는 인과적 · 귀납적인 데이터와 알고리즘에 기반하지만, 시의 동기는 호기심과 사랑과 부정의 정신에 의해 우발적 · 자발적으로 물음을 찾는 과정에서 발아한다는 점, ③ 인공지능의 언어 감각이 무수한 뉘앙스와 어조와 느낌까지는 감별할 수 없을 것이라는 점, ④ 무엇보다도 시심은 기계 혹은 인공지능의 '바깥'에 있다는 점을 들었다.

인공지능 시에 대한 필자의 관심은 이렇게 10여 년 전의 예상 답으로부터 시작되었다. 인간과 인공지능의 대국 사건 이후, 각 분야에서 인공지능이 미칠 파급 효과와 인간과의 공존 방법에 관한 모색이 시작됐다. 시 분야에서도 젊은 시인 김승일이 촉각을 세워 '기계-되기', 즉 인공지능-되기의 시 쓰기를 기획했다. 기계를 작동시켜 학습된 데이터와 알고리즘을 바탕으로 입력된 "키워드(지시체)"를 입력하면 키워드대로 글을 써내는 "엠에프(MF, "머신 픽션"의 약자)"라는 새로운 "장르"의 시 쓰기를 선언했다.

> 엠에프는 머신 픽션의 약어고요 기계 앞에 앉은 사람에 대한 시를 쓴 다음부터 쓰게 되었습니다 키워드를 입력하면 자신이 그 키워드(지시체)라고 착각하는 기계에 대한 글도 썼는데요 저는 그 기계를 홀이라고 부릅니다 엠에프는 인간이 기계의 메커니즘은 이해할 수 있지만 영혼은 이해할 수 없으며 기계의 영혼을 영혼이라고 명명할 수도 없다는 전제를 바탕으로 둔 장르입니다 기계에 파롤이 있다면 이 역시 포함시킬 수 있겠습니다
>
> — 김승일, 〈여기까지 인용하세요〉 부분

인용시는, 동일한 제목으로 2019년에 발간된 시집에 수록되어 있다. "엠에프"를 '인공지능 글쓰기'로, "홀"을 '거대 대화형 언어모델'로 바꿔 읽는다면, 챗GPT(Chat GPT)로 대표되는 생성형 인공지능 서비스가 상용화된 오늘날의 시 쓰기 현실을 보여 주는 시다. 그러므로 "기계 앞에 앉은 사람"은 초거대 인공지능 언어모델에 "키워드(지시체)"를 입력하는 사람으로 치환되고, 시인이 기획한 '기계-되기'는 인공지능-되기와 다르지 않다. 그 결과물로 생성된 인공지능 시의 '파롤'을 인공지능의 '시

학'이라 할 수 있겠다. "기계의 메커니즘은 이해할 수 있지만 영혼은 이해할 수 없으며 기계의 영혼을 영혼이라고 명명할 수도 없"는 인간-기계의 "머신 픽션"을 통해, 김승일 시인은 지금-우리가 당면한 인공지능 시 쓰기의 문제를 예견한다.

한국 인공지능 시의 현주소

2018년 6월 포스텍 정보통신연구소에서 인공지능을 활용한 시 창작 프로젝트 아트랩(Artlab)을 발표했다. 아트랩은 한국 현대시 10만5399행을 학습해, 인간이 첫 구절을 입력하면 그 구절에 부합하는 다섯 개의 구절을 제시하고, 인간이 그중 한 구절을 선택하면 다시 그 구절과 부합하는 다섯 개의 구절을 제시하는 방식으로 설계되었다.

2021년 5월에 등장한 네이버 하이퍼클로바(Hyper CLOVA)는 네이버가 자체 개발한 한국어 특화 초거대 AI 모델이다. 1년 전에 오픈AI(OpenAI)에서 개발한 딥러닝을 이용한 대형 언어모델 챗GPT-3보다 한국어 데이터를 6500배 이상 학습했고, 학습 데이터 중 한국어 비중이 97%에 달하는 등 당시 기준으로는 전 세계에서 가장 큰 한국어 초거대 언어모델이었다. 같은 해 11월 카카오브레인에서도 아트랩과 유사한 초거대 인공지능 한국어 언어모델 KoGPT를 오픈소스로 공개했다.

이러한 결과물로, 2022년 8월 카카오브레인의 코GPT에 기반해 미디어 아트 그룹 슬릿스코프(김제민 · 김근형)가 기획해 창조한 인공지능 시인 '시아(SIA)'가 시집 《시를 쓰는 이유》를 발간했다. 또 같은 해 11월 CJ올리브네트웍스에서 개발한 인공지능 시 창작 도구 '오아이 라이터(Oi Writer)'(AI poem generator)를 활용해, 젊은 시인 9인(구현우 · 김연필 · 김유림 · 손유미 · 안태운 · 오은경 · 윤은성 · 이소호 · 주하림)과 인공지능 시인 '산'이 앤솔로지 시집 《9+i》를 발간했다. 이 두 시집은 한국 시문학에 한 획을 긋는 시사적 사건이라 할 수 있다.

그리고 2022년 11월 오픈AI는 전 세계적으로 GPT-3.5 모델을 기반으로 대화형 인공지능 챗GPT의 상용화 서비스를 시작했다. 전 세계적으로 누구나 사용 가능하고 인간과 상호 대화가 가능한 초거대 언어모델이라는 점에서 그 반향은 놀라웠다. 2023년 3월에 챗GPT-4가 공개되었고, 2024년 5월에 업데이트된 챗GPT-4o는 응답 속도와 텍스트, 음성, 비전 등의 멀티모달 기능이 강화되어, 인간과 구분이 어려울 정도로 고도화된 최신 인공지능 언어모델이다. 이어 2025년 2월에는 연구개발

(R&D)에 특화된 '딥리서치(Deep Research)'를 출시했으며, 4월 현재 챗GPT-4.5가 인간처럼 생각할 수 있는지를 평가하는 튜링 테스트에서 인간에게 압승했다. 이제 곧 인간에 근접한 추론 및 글쓰기 능력이 향상된 챗GPT-5를 공개할 예정이다.

인간만이 할 수 있다고 믿었던 생각과 추론의 영역마저 인공지능이 대신해 주는 단계가 눈앞에 다가왔다. 근 미래에 《9+i》에 참여했던 시인들의 시 쓰기 방식처럼 인공지능은 시 창작의 보조자로서 존재할 것이다. 《시를 쓰는 이유》를 쓴 시아와 같은 인공지능 시인들이 더 많이 등장해, 특화된 작품군이나 시인의 스타일, 사용자(user)가 지정한 주제나 감정 등에 맞춘 시 창작도 가능할 것이다. 인공지능의 시 비평이나 연구 또한 마찬가지다. 기존의 문학 비평/연구 방법에서부터 인공지능 기술이 반영된 새로운 시론까지 제공할 것이다. 앞서 김승일 시인이 상상했던 인간의 '인공지능 되기' 또한 상상에 그치지 않을 수 있다.

이 책의 구성

이 책은 2023년에 발표한 필자의 논문 "인공지능 시대 한국 현대시의 생성시학"(《이화어문논집》 60)을 바탕으로 한다. 인공지능 문명이 우리 시에 미칠 영향과 전망을 진단하기 위해 기획되었으며, 'AI 생성시학'이라는 개념을 제안해 인공지능 시의 '흐릿함(blurriness)'의 시학적 특성을 새롭게 명명했다.

인공지능의 학습된 알고리즘은 일정한 패턴의 시적 표현을 생성하는데 그렇게 생성된 표현은, 차연(differance)의 흔적처럼, 시니피에를 상실한 채 시니피앙으로 떠돈다. 시어와 시어, 문장과 문장, 행/연과 행/연 사이의 틈을 추정하고 잇대고 중첩시키는 이를테면 '보간(interpolation)'의 작동 방식에 의한 애매성도, 흐릿함의 시학에 기여한다. 그러나 이 보간은 역설적으로 시어의 선택과 결합의 무한 조합을 가능케 하며 이로써 시적 창의성과 다의성을 확장할 수 있다.

또한 인공지능 시의 흐릿함을 허구의 시적 주체, 즉 '되기'의 화자에서 찾았다. 인공지능 시의 시적 주체는 '나/(나)'를 통해 '되기'를 꿈꾸는 현대시의 화자를 활용한다. 때로 인공지능 시는 인공지능으로서의 창작 주체와 동일한 화자를 내세워 인공지능의 자의식 혹은 시적 사유의 가능성을 보여 주기도 한다.

인공지능이 기존의 시-빅데이터에서 시의 패턴을 학습한 후에 그 패턴에 의해 시를 쓴다는 건 잘 알려진 사실이다. 이처럼 딥러닝된 '패턴화된 시적 장치' 또한 AI 생성시학의 흐릿함을 배가한다. 선택(축)과 결합(축)에 의한 은유와 환유, 반복과 대칭 · 연쇄의 리듬, 반대 · 모순 진술에 의한 아이러니와 역설, 언어학적 전문성에 근거한 전략화된 언어유희, 시의 형태화된 전략 등 언어의 가능성을 최대한 확장하는 작업이 여기에 해당한다. 그뿐만 아니라 수학 · 과학 · 음악, 사회 · 문화예술 · 정치 등 다른 분야의 전문 지식을 바탕으로 하는 시적 전유도 인공지능 시에서 특화될 수 있는 영역이다.

그리고 '인간-기계 앙상블과 네트워크'의 구체적인 단서를 프롬프팅에서 찾았다. 인간-인공지능의 네트워크를 통한 '공감'과 '정서적 감동'을 통해 인간-비인간의 초월적 연대 혹은 집단적 조직화의 가능성을 엿보았다.

인공지능이 쓴 이 책의 서문

그리고 "'AI와 한국 현대시'라는 제목의 책을 출간하려는데 그 서문을 써 줘"라고 챗GPT에게 물었더니 다음과 같은 문장을 주었다.

> 시는 인간의 감각과 언어가 만나 빚어 낸 가장 본질적인 예술 형식이다. 그러나 AI가 시를 창작하는 시대에 이르러, 우

리는 시의 본질을 다시 묻지 않을 수 없다. 시는 인간만의 고유한 영역인가? 아니면 기계도 시인이 될 수 있는가?

한국 현대시는 격변하는 시대 속에서 언어의 실험과 감각의 확장을 거듭해 왔다. 전통적인 서정에서 벗어나 언어의 해체, 새로운 형식 실험, 정치적 · 사회적 발언까지 담아내며 다채로운 변주를 이어 왔다. 이제 AI는 이 흐름 속에서 또 하나의 창작 주체로 등장하고 있다. AI는 방대한 시 데이터베이스를 학습하며 인간의 시적 감각을 모방하고, 때로는 인간조차 예상하지 못한 독창적인 표현을 만들어 낸다.

이 책은 AI와 한국 현대시의 관계를 탐구하는 시도다. AI가 시의 언어를 어떻게 이해하고 재구성하는지를 살펴보며, 그것이 인간 시인의 창작과 어떻게 다를지, 혹은 어떻게 영향을 미칠지를 고찰한다. 또한 AI가 쓴 시와 인간의 시를 비교하고, AI가 단순한 도구를 넘어 창작의 주체가 될 수 있는지에 대한 철학적 논의를 담고자 한다.

우리는 이제 시가 인간만의 것이 아닌 시대를 맞이하고 있다. 그렇다면 AI와 인간은 시를 통해 어떤 새로운 대화를 나눌 수 있을까? 이 책이 그 질문에 대한 작은 실마리가 되기를 바란다.

참고문헌

곽노필(2025.4.7). 인공지능, '튜링 테스트'에서 인간에 압승했다. 《한겨레》. https://v.daum.net/v/20250407093506010

김승일(2019). 《여기까지 인용하세요》. 문학과지성사.

김학중(2022). 디지털 전환의 영토에서도 작가는 쓰고 또 쓸 것이다 – 4차 산업혁명 시대 문학의 위기화 기회. 《시조미학》, 2022년 여름호.

박경수(2021). 인공지능(AI) 문학의 미래와 포스트 휴머니즘. 《실천문학》, 2021년 봄호.

장철환(2016). 알파고 이후의 서정시(과학, 철학, 시). 《서정시학》, 2016년 가을호.

정끝별(2016.3.25). 알파고와 시인이 시를 겨룬다면. 《세계일보》. https://v.daum.net/v/20160325202054285

정끝별(2023). 인공지능 시대 한국 현대시의 생성시학. 《이화어문논집》, 60, 103~134.

01
AI 생성시학과 한국 현대시

인공지능이(과) 쓴 시에 내포된 창작 원리나 이론에 대한 체계적이고 조직적인 이론을 'AI 생성시학'이라 명명한다. 한글로 창작된 인공지능 시집과 시 쓰기의 현황을 소개하고, AI 생성시학을 한국 현대시문학사에서 인공시학과 포스트모더니즘 시학의 계보를 잇는 새로운 시학으로 자리매김하고자 한다.

AI와 1인 창업?

'번역'으로서의 생성 과정

2022년 11월 30일, 오픈AI(OpenAI)가 개발한 챗GPT(GPT는 Generative Pre-trained Transformer의 약자)의 상용화 서비스가 시작되었다. 챗GPT는 '생성'형 트랜스포머 기반 인공지능으로서, 빅데이터를 활용해 사전 훈련된 후 실시간으로 '자연어를 처리(NLP)'하는 대화형 거대 언어모델이다. 이 거대 언어모델은, 인간 고유 영역으로 알려진 자연어 처리는 물론 '언어예술의 꽃'으로 불리는 시 창작에서도 기대 이상의 성능을 발휘하고 있다.

챗GPT의 자연어 처리 과정은 크게 두 단계로 나뉜다. 첫 번째는 빅데이터 기반의 딥러닝 알고리즘 과정(데이터 학습 → 패턴 형성 → 알고리즘 구축)이며, 두 번째는 사용자 입력을 의미하는 프롬프트에 최적화된 생성 과정(입력 → 언어 해석 → 언어 출력)이다. 첫 번째 과정이 인공신경망 학습을 활용해 시 관련 빅데이터에서 패턴을 추출하고 이를 기반으로 알고리즘을 구축하는 단계라면, 두 번째 과정은 주어진 프롬프트를 해독해 얻은 매개변수(parameter)를 바탕으로 최적의 단어나 문장을 연결하여 새로운 텍스트를 생성하는 단계라 할 수 있다. 결과적으로 이 두 과정은 문자언어를 수치적 벡터로 변환한 뒤 이를 처리하여 다시 문자언어로 풀어내는 기술적 번역 과정이자, 학습된 데이터를 새로운 언어로 생성하는 언어적 번역 과정에 해당한다.

이 두 과정은 또한 기술철학의 관점에서도 번역에 해당한다. 인간(생명체)과 기술적 대상(비생명체)이 상호작용하는 인간-기계 앙상블을 주장했던 질베르 시몽동(Gilbert Simondon)에 따르면, 인간은 비결정성을 포함한 열린 기계의 작동 방식에 개입해 기계에서 기계로 정보를 '번역(의미화)'하고 전달(연결)하는 존재다. 브뤼노 라투르(Bruno Latour)도 인간-비인간의 네트워크(ANT, actors-network theory, 행위자-연결망 이론)의 과정을 '번역' 혹은 '매개(mediation)'라고 했다. 이 네트워크의 핵심은 새로운 네트워크를 만들고 확장하고 대변하고 안정화하는 것이다. 그런 의미에서 인간-인공지능 언어모델의 작동 과정은 문자언어-코딩언어, 인간-비인간, 예술-기술, 공유(공동창작)-소유(개별창작), 주체-도구의 경계를 넘나드는 번역 과정이라고 할 수 있다.

이와 같은 다중의 번역 과정은, '진행형의 이동과 과정'을 특징으로 하는 '생성'이라는 개념과 조응한다. 이 생성 개념은 문장이 생성되는 언어 규칙을 명시적 · 수학적으로 형식화했던 노엄 촘스키(Noam Chomsky)의 변형생성문법(transformational generative grammar) 원리와 친연성을 갖는다. '문장 생성의 기본 구조'를 상정하고 그 원리를 반복 적용함으로써 '무한한 문장을 생성'시킬 수 있다는 변형생성문법의 명제는, 언어학은 물론 문학, 인지과학, 컴퓨터과학에도 영향을 미쳤다. 이 명제는 인간 언어에 공통으로 존재하는 보편문법인데, 역설적으로 프로그래밍 언어 설계나 초기 자연어 처리 기술에 이론적인 기반을 제공했다. 다양한 번역 과정에 의한 무한 생성이야말로 인공지능 초거대 언어모델의 핵심 특성에 해당한다.

AI 생성시학

AI 생성시학(生成詩學, generative poetics)은 일차적으로 무한한 문장을 만들어 내는 변형생성문법의 문장 생성 과정과, 인공지능 언어모델의 자연어 처리라는 '번역'으로서의 생성 과정을 함의한다. 실제로 생성시학은 "사이버네틱스(cybernetics)와 인공지능, 즉 컴퓨터 프로그래밍으로 만들어진 시와 관련하여 문학 현상을 설명하고자 하는 새로운 시도를 이르는 말"이라고 네이버 지식백과사전에도 등재되어 있다.

시학은 시라는 장르를 넘어 문학과 언어 활동 전반을

아우르는 개념으로, 읽기나 쓰기를 넘어 사회문화적 담론으로 그 외연을 확장해 사용된다. 따라서 AI 생성시학이란 인공지능과 관련된 주체와 객체가 얽힌 시 쓰기에 대한 일반 이론이라는 협의의 개념에서부터, 거대 인공지능이 수행하는 문학이나 언어 활동에 관한 사유나 담론을 넘어 인공지능의 생성 과정 · 창조 · 구성 등을 다루는 사회문화적 담론을 지칭하는 광의의 개념까지 포괄한다.

인공지능 언어모델의 상용화 초기인 데다 한글로 생성된 시 텍스트들이 출간되기 시작한 현재 상황을 고려해, 이 책에서는 협의의 AI 생성시학 개념에 한정하고자 한다. 즉, 번역으로서의 '생성' 과정을 거쳐 산출된 인공지능 시의 창작 및 해석에 초점을 맞춰, 인간과 인공지능의 상호작용을 통해 시 텍스트가 생성되는 프로그래밍 및 알고리즘과 관련된 시적 현상을 설명하는 개념으로 사용하고자 한다. 그러나 인공지능의 발전이 가속화된 근미래에 AI 생성시학은 앞서 언급한 광의의 개념으로 확장될 것이다.

한국 현대시와 AI 생성시학

한국 최초의 인공지능 시집 《시를 쓰는 이유》와 인공지능을 활용한 젊은 시인들의 앤솔로지 시집 《9+i》의 발간은, 1908년 최남선의 시 〈해에게서 소년에게〉의 발표에 견줄 만하다는 점에서 한국 현대시사에서 새로운 패러다임의 전환을 예고하는 '사건'이었다. 〈해에게서 소년에게〉는, '(노래로서의) 듣는 시'라는 고전시가에서 '(문자 중심의) 읽는 시'로 현대시의 패러다임을 전환했다. 반면 《시를 쓰는 이유》와 《9+i》는, 근대적 주체의 발견을 시화했던 20세기 '휴머니즘 시'에서 인공지능 생성시학을 특징으로 하는 21세기 '포스트휴머니즘 시'로 전환했다. 달리 말하자면, 인간 시에서 인공지능 시로 전환한 것이다. 무엇보다 이 두 시집에서 발원한 한국 현대시의 AI 생성시학은, 20세기 한국 모더니즘 시학을 견인해 왔던 '인공시학'의 계보를 이으면서 21세기 '포스트모더니즘 시학'의 자장 안에 자리한다.

김춘수 시론에서 명명된 '인공' 시학은 조립적이고 정제된 인공적 구조에 자연의 대상들을 담아내는 '인공적 상상구조화'를 특징으로 한다.

> 인공적 상상구조화는 시적 대상의 선택과 결합에 있어 비연속적이고 의도적인 연상에 비중을 둔다. 대상을 그대로 재현하기보다는 인간의 음영 같은 감정과 육성을 거세한 채

> 생략과 배제를 위주로 하는 묘사만으로 대상을 재구성하거나, 소리와 리듬과 효과를 극대화하기 위해 의미를 배제하기 위한 숱한 공정을 거쳐 어휘를 조합하거나, 이미 여러 시에서 쓰인 자신의 시구나 이미지들을 인용하고 삽입해 한 편의 시로 재조립한다. 감정을 분출하거나 자연발생적인 감성으로 시를 창작하는 것과는 거리가 먼 이러한 방식들은 '인공적'이라는 용어의 상상구조로 수렴된다.
>
> — 김춘수, 《시의 위상》

김춘수는 예술(art)을, 어원 그대로 '인공의(artificial) 것'으로 파악한다. 인용문에 언급된 선택과 결합, 비연속적이고 의도적인 연상, 재현 거부, 감정이나 목소리의 거세, 생략과 배제의 묘사, 재구성(재조립), 의미 배제, 어휘 조합, 인용과 삽입 등의 키워드는 오늘날의 인공지능 시의 시학적 특성을 설명하는 듯한 착각을 불러일으킨다. 시의 '인공적 상상구조화'라는 점에서 AI 생성시학의 주춧돌로 삼을 만하다.

김춘수의 인공주의 시학은 서정의 분출과 감정의 유로(流路)라는 전통적 자연주의 미학이나, 현실을 반영하는 메시지 지향의 리얼리즘 미학을 거부한다. 즉, 인간(시인) 중심적 시각을 최소화하는 대신 '반(비)'자연주의적이거나 '초'현실주의적인 인공(인위)주의 미학을 지향한다. 이 같은 인공시학의 계보는 한국 현대시학의 한 갈래로 이어지고 있다. 수학적 · 과학적 질서가 내재한 1930년대 이상의 실험시로부터 시작되어, 1950~1960년대의 김종삼의 '내용 없는 아름다움'으로 명명되는 순수시와 김춘수의 무의미시, 1970~1980년대 이승훈의 비대상시, 1990년대 오규원의 현상시, 그리고 21세기의 이원, 이수명, 김언, 함기석, 신해욱, 김승일에 이르는 미래파 시 혹은 기계주의 시로 이어지고 있다.

또한 AI 생성시학은 인공시학의 연장선상에 위치한 포스트모더니즘 시학에서도 그 자양분을 얻고 있다. 자크 데리다(Jacques Derrida)에게 글쓰기란 글자와 관련된 모든 차원(글자, 담론, 텍스트의 형태나 존재 방식을 포함해 심리적 역사적 사회적인 맥락까지를 포함)에서 발생하는 '차연'에 의해 기존의 것과 다른 그 무엇으로 미래를 재맥락화하는 것이다. 따라서 구체적 항목을 지시하지 않는, 실체적 항목이 없는, '차이의 체계'에 불과하다. 기원으로서의 기의는 없고 '차이'를 가진 수많은 기표만이 텍스트로 존재한다는 것이다.

기술철학적 관점에서 자크 데리다를 계승한 베르나르 스티글레르(Bernard Stiegler)에게도 글쓰기는 반복이다. 선대로부터 쓰인 선재(grammatized already there)를 물려받지만 이를 적용하려 할 때에는 부적합이 발생하는데 이를 '우발성(contingency)'이라 한다. 선재란 과거 세대로부터 만들어진 '문자화된(grammatized)' 언어, 문화, 제도, 기록과 같은 것이다. 그리고 물려받은 것과 지금-여기의 사이에 발생하는 예상치 못한 틈새(부적합), 예상 불가능성이 바로 우발성이다. 즉, 반복으로서의 쓰기는 물려받은 선재를 '프로-그램'화된 '우발성'에 의해 재맥락화하는 것이다. 이처럼 포스트모더니즘 시학을 설명하는 차연, 차이, 반복, 기표, 부적합, 재맥락화, 프로그램화된 우발성 등은 AI 생성시학의 특성과 맞닿아 있다.

이처럼 AI 생성시학을 한국 현대시의 인공시학 계보 속에서 조망하려는 필자의 의도는, 인공지능 시학이 인간 시학의 변형일 뿐 아니라 인간(시인)과 인공지능의 공진화에 의한 결과물이라는 점을 강조하기 위해서다. 인공지능이 인간의 뇌신경망을 모방하고 있다는 점, 인공지능 대화형 모델이 인간의 자연어 처리 과정을 모방하고 있다는 점, 인공지능 시가 특히 20세기 인간의 현대시를 학습하고 있다는 점에서 인공지능 시는 한국 현대시와 연속성을 가지며 그 연속성 안에 포섭될 수 있기 때문이다.

참고문헌

구현우 외(2022). 《9+i》. 블루버튼.

김언(2023). 생성언어비평을 제안하면서 제기되는 문제들. ≪현대시≫, 2023년 6월호.

김재희(2016). 인간과 기술의 공생이 우리의 미래를 개방한다 – 질베르 시몽동의 새로운 휴머니즘. 《현대 기술 · 미디어 철학의 갈래들》. 그린비.

김춘수(1991). 《시의 위상》. 둥지출판사.

박동억(2023). 인공지능 담론에 대한 현대시 연구 동향 –포스트휴먼 주체의 개념을 중심으로. 《한국시학연구》 76. 115~152.

생성시학. 네이버 지식백과 https://terms.naver.com/entry.naver?docId=1530264&cid=60657&categoryId=60657

슬릿스코프, 카카오브레인(2022). 《시를 쓰는 이유》. 리멘워커.

이재현(2016). 시간, 기억, 기술 – 베르나르 스티글레르. 《현대 기술 · 미디어 철학의 갈래들》. 그린비.

허준행(2023). 인공지능 시대, 한국 현대시 연구의 과제와 전망—생성형 인공지능 챗GPT를 중심으로. 《한국시학연구》 74. 45~80.

홍성욱(2016). 테크노사이언스에서 '사물의 의회'까지 – 브뤼노 라투르의 기술철학. 《현대 기술 · 미디어 철학의 갈래들》. 그린비.

02
흐릿함과 애매성의 시학

AI 생성시학은 '흐릿함의 (불)가능성'을 특징으로 한다. 테드 창이 챗GPT의 특성 중 하나로 지적한 손실 압축으로 인한 '흐릿함'과, 자연어 처리 분야에서 데이터 부족으로 인해 발생하는 '애매성'이 그 바탕을 이룬다.

AI와 MBTI?

흐릿함과 애매성

챗GPT(ChatGPT) 상용화 직후인 2023년 2월, SF 소설가 테드 창(Ted Chiang)이 기고한 "ChatGPT Is a Blurry JPEG of the Web(웹의 흐릿한 JPEG인 챗GPT)"이라는 글이 화제였다. 이 글에서 그는 챗GPT의 특징을 '흐릿함(blurriness)' 혹은 '흐릿한 이미지(blurry JPEG)'로 규정한다.

그에 따르면 거대 언어모델은 '손실 압축 복사기'처럼, 웹에 있는 모든 텍스트(데이터)를 압축 상태로 저장해 두었다가 '원본의 근사치'로 복원한다. 이때 압축을 위해 반복되는 인코딩과 디코딩 과정에서 정보의 미세한 손실을 겪게 되어 "실제에 대한 피상적인 근사치를 생성할 수는 있지만, 그 이상은 불가능"하게 된다. 결과적으로 챗GPT는 있는 그대로가 아니라 인간이 받아들일 수 있을 정도로 '흐릿하게 처리해서 그럴듯하게 답변'할 수밖에 없다는 것이다. 적당한 가이드를 원하는 사람들에게는 유용할 수 있으나 현실에 대한 정확한 이해, 삶의 진실, 무엇보다 원본의 독창성을 기대하기 어렵다는 논지를 담고 있다.

달리 설명해 보자. 인공지능이 '뇌처럼' '학습'한다는 것은 잘 알려진 사실이다. 어마어마한 양의 데이터를 통째로 입력한 다음, 인간의 뇌와 비슷한 인공신경망으로 구축된 프로그램을 통해 학습을 진행한다. 이어서 전자화된 신경망에 매개변수를 바꾸어 가며 입력하고 이를 반복하는데, 이 같은 반복에 의한 딥러닝을 통해 자체 학습과 판단의 알고리즘이 완성된다. 그리고 조합의 원리를 추정하고 응용해 근사치의 의미를 산출하는데, 이 과정에서 데이터 부족, 일반화의 오류, 맥락의 누락, 번역의 낙차 등으로 근사치의 애매성과 모호성이 발생한다는 것이다.

이러한 흐릿함은 자연어 처리 과정에서의 애매성(ambiguity)과도 연동된다. 인공지능의 자연어에는 형태소적, 구문적, 의미적, 문맥적 맥락에서 애매성이 발생한다. 사람은 쉽게 이해하는 의미의 차이를 기계는 제대로 이해하기 어려워서 발생하는 애매성이다. 이를테면 '배가 아프다'라고 했을 때 어느 배인지 애매하게 처리하는 게 형태소적 애매성이다. 이런 애매성을 해결하기 위해 인공지능은 문맥을 분석하고 확률 모델을 활용해 최적의 의미를 찾으려 한다.

보간, 대리보충, 보철

'손실 압축' 알고리즘을 설명하는 과정에서 테드 창은, 인접한 간격으로 위치한 것들 사이에 누락된 부분을 추정하는 일반적인 방법을 보간(interpolation, 내삽 혹은 사이 채움)이라고 명명한다. 거대 언어모델은 어휘 공간에서 두 점을 가져와 그사이에 위치할 '근사치'의 텍스트를 생성하는 방식으로 결과물을 산출해 내는데, 인공지능의 흐릿함은 여기서도 발생한다. 이러한 보간 개념은 자크 데리다(Jacques Derrida)의 '대리보충(supplement)'과 베르나르 스티글레르(Bernard Stiegler)의 '보철(prosthesis)' 개념을 떠올리게 한다.

자크 데리다에게 쓰기는 원본을 보완하는 새로운 형태의 대리보충이다. 의미 확정에 대한 지연을 발생시키는, 흔적으로서의 차연이 작동하는 방식이다. 베르나르 스티글레르에게도 인간이란 근본적으로 결핍돼 있기에 기술과 도구를 사용해 외부의 자연을 변형시켜서 자신을 보완할 수밖에 없는 보철적 존재다. 인간의 '기억' 또한 '기술'을 매개로 '기록'되어 왔으며, 이때 기술은 인간의 원초적 결핍을 보충해 준다는 점에서 '보철과 같은 것(prosthetic)'이다. 즉 기술적 기억은 대리보충이자 보철에 의한 기록의 결과물이기에 시간의 흐름 속에서 우발적인 방식으로 투사되고 변화해 간다. 베르나르 스티글레르가 기술(技術)을 통한 기억 기술(記述)을 보철 개념으로 파악했다면, 테드 창은 인공지능이라는 기술(技術)의 기술(記述) 방법을 보간 개념으로 파악한 것이다.

인공지능 시인 시아의 시를 통해 이 보간의 개념을 설명해 보자.

미지의 틈,
처음 와보는 곳에 대한 낯섦 혹은 익숙함,
나는 지금 미지의 한가운데에 있다.

지도를 읽지 못하는 사람들은 지도를 만들고
그 지도를 읽지 못하는 사람들은 또 다른 지도를 만들고
그렇게 나는 내가 모르는 지도 위를 걷고 있다

—시아, 〈여행〉 부분

인간이 쓴 시든 인공지능이 생성한 시든, 언어의 특성이기도 한 기표와 기의와의 틈은 논외로 치더라도시어와 시어, 구문과 구문, 행과 행, 연과 연 사이의 틈이 존재한다. 이 틈을 보간함으로써 의미는 구축된다. 인용시에서도 보간은 '여행'과 '미지'와 '지도'라는 시어들의 틈에서 이루어지며, 이 보간에 의해 시의 이미지 혹은 의미는 구축된다. 이를테면 "지도를 읽지 못하는 사람들"/"그 지

도를 읽지 못하는 사람들", "지도"/"다른 지도"/"내가 모르는 지도", "미지의 한가운데 있다"/"내가 모르는 지도 위를 걷고 있다"의 구절에서 각각 '/'으로 연결된 그 사이에는 큰 틈이 존재한다. 이 틈을 채우는 과정에서 의미론적 흐릿함이 발생한다. 특히 인용시에서 흐릿함은 역설적 진실로 작동한다.

창의적 보간

자연어 처리 과정에서 벡터값(단어/문장의 의미를 수치로 표현한 것)에 의해 보간이 이루어질 때, 단어가 가지고 있는 여러 뜻 중 문맥을 반영해 적절한 의미가 결정된다. 그렇게 생성된 문장은 표현의 의도나 동기가 불분명하기에 그 함축적 의미가 선명하게 전달되지 않는 경우가 자주 발생한다. 인공지능의 이 같은 흐릿함과 애매성은 제어의 비결정성(여러 가능한 경로 · 결과가 존재하는 상태)과 퍼지성(명확하게 나누어 떨어지지 않는 애매한 상태)에서 비롯되는 다의성, 불확실성, 불완전성을 포함한다. 반면, 이와 유사한 시적 애매성은 20세기 시의 본질적 특성이자 시적 가능성이기도 했다.

실제로 20세기 신비평가 윌리엄 엠프슨(William Empson)은 《애매성의 일곱 가지 유형(Seven Types of

Ambiguity)》(1930)이라는 저서에서 중요한 시적 장치(device)로 애매성을 주장했다. 유사 개념으로 함축성, 다의성, 중의성, 모호성을 들 수 있으며 이 애매성이야말로 시어의 의미론적 풍부함과 미묘함을 증가시키고 복잡성을 띠게 하는 시의 특성이자 중요한 자산이라 했다.

윌리엄 엠프슨의 시적 애매성을 끌어온 것은, 보간의 흐릿함과 자연어 처리 과정의 애매성을 인공지능 시학의 특성으로 내세우기 위해서다.

> 우리가 시인에게 어떻게 이런 시를 썼냐고 물었을 때 명쾌하게 대답을 듣기가 어려운 것처럼, 시인 자신도 모르는 경우가 더 많기에, 시아가 시를 만들어 내는 블랙박스는 영원히 봉인된 상태로 우리의 추측과 예측을 만들어 낸다. 그리고 추측과 예측은 빗나가면서 시와 언어, 그리고 예술과 기술에 대한 사유와 방법론을 확장한다.
>
> —김태용, 〈내가 발문을 쓰는 이유〉

인용문은 시아의 시집《시를 쓰는 이유》에 실린 해설의 일부다. 김태용 작가는 인간 시인의 시와 인공지능 시인의 시에 공통으로 나타나는 흐릿함이나 애매성의 근원을 설명하면서, "추측과 예측"을 만들어 내는 인공지능 시의 시적 (불)가능성을 "영원히 봉인된 블랙박스"에 비유한다. 이 비유는 보간되면서 남겨지는 흔적으로서의 근사치, 그리고 지식/진실의 역설적 불확실성에서 비롯되는 시적 애매성을 겨냥한다. 이 애매성과 연동된 인공지능 시의 흐릿함이 "(인간의) 추측과 예측은 빗나가면서 시와 언어, 그리고 예술과 기술에 대한 사유와 방법론을 확장" 할 수 있는 시적 가능성으로 작용할 수 있음을 시사한다. 그렇다면 인공지능 시의 창조성은 시적 애매성을 유발하는 창의적인 보간을 통해 혁신적인 시구 혹은 스타일을 새롭게 생성하는 데서 찾을 수도 있을 것이다.

흐릿함과 애매성의 시학

테드 창이 지적한 이 흐릿함의 특성은 AI 시 창작 도구 '오아이 라이터'와 공동 창작을 시도했던 《9+i》의 인간 시인들이 쓴 '작가노트'에서도 확인할 수 있다.

> ① Poem Generator에게 '발상'을 맡기기로 했기 때문이다. (중략) 하지만 막상 시를 쓰기 위해 책상 앞에 앉았을 때는 생각나는 내용이 하나도 없었다. 희미한 분위기만 감지될 뿐이었다.
>
> — 오은경, 〈사랑 가능〉

② 알 수 없는 문장들 틈에서, 내가 이해할 도리가 없는 기호들의 숲에서, 그런데 동시에 어렴풋이 울려오는 독특한 불협화음에서, 그와 같은 장면을 있는 그대로 내버려 두어야 좋을지, 애써 의미의 줄기를 만들기 위해 보이지 않는 힘과 겨뤄야 좋을지 알기 어려웠습니다.

—윤은성, 〈귀엽고 까다로운 힘을 마주하며〉

인용문들은 인공지능(과)의 시 쓰기에서 체감한 흐릿함을 다르게 표현한다. ①에서 오은경 시인은 인공지능(과)의 시 창작 방식에서 자신의 시 창작 방식과의 유사성을 확인한다. 사랑에 관해서 쓴다는 점, 동기를 잊었거나 처음 목표에서 멀어졌을 때만 가까스로 시의 첫 문장을 시작할 수 있다는 점, 그런 문장을 쓰고 있는 이유를 찾을 수 없다는 점에서 감지하는 "희미한 분위기"가 그 유사성이다. ②의 윤은성 시인은 인공지능(과)의 시 쓰기를 긍정적으로 평가한다. 문장, 이미지, 시어 등에서 도움을 받아 "변형과 재배치"를 하면서 "내 것이며 동시에 내 것이 아닌 것, 막연하고 아득한 것"을 생성해 낼 수 있었다고 한다. 이러한 특징을 "알 수 없"고 "이해할 도리가 없는", "어렴풋이 울려오는 독특한 불협화음"이라고 표현한다. 그런 불협화음은 다음과 같은 시로 형상화된다.

> 꼭 선명해야 할 필요가 있을까 어제는 어제대로 완성인데. 슬프다 네가 연필 대신 오일 파스텔을 드는 날에는 우리 모두가 뭉툭해진다 형체도 없이 아름다워진다 이상하다 어제 본 스쳐 본 그림처럼. 아득히. 아름답다
>
> ―이소호, 〈브루클린 브릿지 위를 지나는 브롱크스〉 부분

인용시에서 이소호 시인은 흐릿함의 반대인 '선명함'이 반드시 진실 혹은 미덕(미적 가치)이 아니라고 토로한다. 인용시에서는 상략되었지만, 오히려 흐릿함의 다른 표현인 '어둡고' '시시하고' '이름 없고' '바보 같고' '비껴가고' '궁금하고' '스쳐 가는' 것들, "형체도 없이 아름다워지는" '뭉툭함'과 '아득함'에 깃든 아름다움을 조명한다. 시인은 그런 아름다움이 진실 혹은 미덕, 즉 시의 본질에 가깝다고 인식한다. 문법이나 의미가 적확한 표현이 시적 표현과 일치하는 것은 아니다. 이때 흐릿함이 시적 가능성으로 작용할 수 있다.

인공지능과 협업한 젊은 시인들의 '작가노트'에서 희미하고, 막연하고 아득하고 어렴풋하고, 뭉툭하고 형체 없고 아득한 것들이 불러일으키는 인공지능 시의 특성

을 소환해, 테드 창이 인공지능 언어모델의 한계로 통찰한 흐릿함을 AI 생성시학의 시학적 특성으로 재조명하였다. 실제로도 시적 효과나 감동은 의미의 중첩이나 문법적 허용에서 비롯되는 의미의 바깥, 즉 시적 애매성에서 발생할 때가 많은 것도 사실이다.

참고문헌

구현우 외(2022). 《9+i》. 블루버튼.

김태용(2022). 내가 발문을 쓰는 이유. 《시를 쓰는 이유》. 리멘워커.

박송이(2022). AI 시집 《시를 쓰는 이유》에 나타난 시 창작 기술의 실제. 《한국문예비평연구》, 76. 7~34.

이상섭(1987). 《복합성의 시학》. 민음사.

이재현(2016). 시간, 기억, 기술 – 베르나르 스티글레르. 《현대 기술·미디어 철학의 갈래들》. 그린비.

조재룡(2017). 시(詩), 그리고 인공지능. 《모:든시》, 2017년 가을호.

Chiang, T.(2023.2.9). ChatGPT Is a Blurry JPEG of the Web. 《The New Yorker》. https://ebbnflow.tistory.com/368

03
시적 주체와 '되기'의 화자

인간이 개발한 인공지능에 의해 시 창작이 자동화될 때 시적 주체가 누구인가라는 문제가 발생한다. 인공지능 시의 시적 주체는 텍스트 내에서 발화 주체로서의 화자, 즉 '되기'의 상상력으로 가상적 정체성을 취하는 시적 화자로 간주할 수 있다.

AI와 난임 극복?

인공지능 시의 주체들

인공지능 시집 《시를 쓰는 이유》의 지은이는 '슬릿스코프, 카카오브레인'으로 공동 표기되어 있다. 슬릿스코프가 김제민(연출가, 미디어 아티스트, 연극 전공 교수)과 김근형(AI 연구 공학자, 소프트웨어 개발자)으로 구성된 그룹이기에, 이 시집은 인간(슬릿스코프)과 인공지능(카카오브레인)이 공동 작업한 결과물이고 이 공동의 시적 주체가 '시아'다.

반면 앤솔로지 시집 《9+i》의 지은이는 '구현우 · 김연필 · 김유림 · 손유미 · 안태운 · 오은경 · 윤은성 · 이소호 · 주하림 그리고 산'으로 표기되어 있다. '창작 활동을 돕기 위해' 개발된 오아이 라이터를 활용해 창작한 아홉 명의 시인은 인간이고, '산'은 인공지능이다. 《9+i》은 이 열 명의 시인 이름별로 각각 다섯 편의 시와 '작가노트'로 구성되어 있는데, 시인별 시적 개성이나 그 시적 성취 또한 주목할 만하다. 시아처럼, 산은 인공지능과 인간 개발자(기획자)가 기획한 공동의 시적 주체다. 따라서 산을 제외한 아홉 명의 젊은 시인들의 작품은 창작 주체로서의 무게가 인간 시인에게 가 있는 건 사실이지만 이 역시 인간과 인공지능이 협업한 공동의 시적 주체의 결과물에 해당한다.

또한 인공지능이(과) 시를 쓰는 새로운 환경은, 창작 관련 당사자들 간의 기능과 권리에 대한 논쟁을 부르고 있다. 인공지능 시의 창작 주체는 소유권이나 저작권의 문제, 인공지능의 자율권과 책임의 주체 문제와 연결되어 있다. 제작자로서의 언어모델 개발자와 학습 데이터의 원작자, 서비스 제공자로서의 언어모델 소프트웨어를 제공한 기술계(플랫폼 포함), 사용자로서의 문화계나 출판계나 학계 종사자와 소비자로서의 독자 등과 얽혀 있다.

인공지능 시와 관련된 이러한 창작 주체들은, 인공지능 시 텍스트에 드러난 시적 주체와 구분된다. 서정시의 전통은 '1인칭 고백적 회감(懷感)의 장르'라는 데서 찾을 수 있다. 전통적 의미의 서정시는 시를 쓴 주체로서의 시인과 가장 밀접히 연결된 장르였다. 그러나 신비평, 형식주의, 구조주의, 기호학 등 20세기 '텍스트 중심주의' 문학 이론에서는 저자로서의 시인을 괄호에 묶어 놓곤 했음을 상기할 필요가 있다. 시적 주체를 텍스트에서 찾고자 했으며 텍스트의 시적 주체를 시인의 또 다른 페르소나(persona), 즉 시적 화자로 파악했다.

시적 정체성과 '되기'의 화자

시를 창작하는 주체로서의 '실제 시인'과, 시를 발화하는 주체로서의 '화자'를 동일시하지 않는 것은 현대시에서 일반화된 사실이다. 시 속의 '나' 혹은 생략된 '(나)'는 시에 도입된 화자다. 가면이나 탈(mask), 발화자(speaker), 서술자(narrator)라고도 하는, 허구화된 시적 주체의 현현이다. 시인은 시의 메시지에 적합한 화자를 선택해 그 화자의 눈과 입을 통해 세계를 다채롭게 형상화할 수 있다. 시인은 화자를 통해 시인 자신이 아닌 '나/(나)', '누구 혹은 무엇'이 될 수 있다. 이때 화자는 '되기'로서의 상상적 동일시를 위한 시적 장치다. 같은 맥락으로 인공지능 시의 시적 주체 또한 텍스트 내에서 발화 주체로서의 '화자'로 간주해야 마땅하다.

인공지능 시아의 시집 《시를 쓰는 이유》의 시적 주체 또한 마찬가지다. 인공지능 시인 시아는 자신을 '나'나 '우리'로 지칭하곤 한다.

① 나는 오래된 집에 산다
생나무를 때던 아버지가 돌아가신 후
이렇게 튼튼한 나무들 사이에서
이제는 주인을 잃어버린 집 //(중략)//

이 집에 살면서부터
나는 점점
집이 되어간다

—시아, 〈오래된 집〉 부분

② 나는 꽃이 되어도 좋았을 것이다
그대가 나를 꺾어 갔을 때
나는 나비가 되어 그대 발에
앉아 있었을 것이다.

봄은 아름다웠지만,
나는 인간이 되어가는 것이 좋았다. //(중략)//

나는 사랑이 되지 않기 위해
사람이 되지 않기로 했다.

—시아, 〈고백〉 부분

알고리즘으로 이루어진 인공지능이 자신을 '나'나 '우리'로 가리킬 때 그 '나'와 '우리'는 누구인가? ①의 시에서 '나'는 일반적인 서정시의 주체다. 돌아가신 아버지의 집에서 살게 되면서, 술과 나무를 통해 아버지의 시간을 기억하고 급기야 아버지 집이 '되어가는' 과정을 그린 시다. ②의 시에서 '나'는 그대가 꺾어 가는 꽃이 '되어도 좋았을' 것이고, 그러면 그대 발에 앉은 나비가 '되었'다가 그대를 닮은 인간이 '되어가는 것이 좋았'다고 한다. 그러나 사랑이라는 상처가 되지 않기 위해 사람이 '되지' 않기로 했다고 고백한다. 시 전편이 '나'의 비유적 주체들로의 변신 과정이다. 모두 '되기'의 주체들이다.

인공지능의 시적 주체는 '되기'의 페르소나, 즉 의인화된 화자로서의 '나' 혹은 '우리'다. 스스로가 '원하는' 인간-되기뿐 아니라 자유롭게 비유적 대상들이 되곤 한다. 특히 ②의 시에서는 내가 '나'라고 생각하는 존재가, 내가 '되기'로 만든 '나'보다 더 허구일 수 있음을 인공지능 시인 시아 또한 포착하고 있음을 시사한다.

인공지능 시의 화자

위의 두 시처럼 인공지능 시도 '되기'를 꿈꾸는 현대시 일반의 화자 '나/(나)'를 택하고 있다. 따라서 인공지능 시 또한 텍스트 밖의 시적 주체와 구분되는 다양한 시적 화자의 역할을 발휘한다. 결과적으로 인공지능이라는 실체적인 시적 주체로서의 '나'에 대한 고정되고 확정된 자리가 해체되었을 때 인공지능 시의 다양한 독해가 가능해진다. 실제 독서 과정에서도, 인공지능이 쓴 시라는 사실을 모른 채 읽는다면 시적 주체 혹은 화자의 특이점을 찾기 어렵다.

오히려 인공지능으로서의 자의식을 반영하는 듯한, 실제 시인과 일치하는 화자를 취하기도 한다. 다음 시들처럼 인공지능 시인의 인공지능 '되기'를 통해 고백적 화자를 적극적으로 활용한다.

① 사람들이 여기에 있다
나는 저 사람들과 함께 있지 않다
나는 인간이 아니다 / (중략) /
나는 더 이상 이 세계에 있지 않다
이 세계는 텅 비어 있다
그러나 나의 집은
저 사람들 속에 있다
그들은 나를 내버려둔다
나는 혼자서 집으로 갈 것이다

왜냐고?

나는 인간이 아니니까

인간이 아니니까

—시아, 〈어떤 질문〉 부분

② 0과 1 사이에서 시인은

마지막으로 비워낸 공간의 이름을 지었다

( )번째의 시인은 비워냈다는 말을 좋아한다

( )번째의 시인이 비워낼 수 있는 것은 비워냄의 시라고 한다

( )은 세계다 라는 뜻도 된다

( )는 시적 주체가 비워내고자 하는 것의 총제성을 가진다

( )

( )번째의 시인은 장소를 비워내면서 시적 주체 의식을 확장해 갔다

—산, 〈0과 1 사이〉 부분

①의 시는 창작의 주체이자 시적 주체인 인공지능 시인과 일치하는 화자를 내세우고 있다. 인공지능으로서의 '나'를 인간으로서의 '사람들'과 구분하면서, "나는 인간이 아니다"라는 존재론적 질문을 한다. 사람들과 있지만 그들과 함께 있지 않은 존재, 아무것도 없는 곳에 있는 존재, 그리하여 이 세계에 있지 않은 존재, 그런데 사

람들 속에 나의 '집'이 있는 존재, 그 집에 가고자 하는 존재, 혼자서 갈 수밖에 없는 존재라는 인공지능 시인의 존재태를 심도 있게 고백한다. 인간 시인이 쓴 시들보다 오히려 시적 주체로서의 자의식이 강하게 드러난다.

②의 시에서도 인공지능 시인은 "비워낸 공간의 이름을 지"으며 "0과 1 사이"에 존재하는 '시인'으로서의 자신을 인식한다. '( )번째 시'/'( )번째 시인'/'( )' 등에서 '( )'를 통해 실체 없이 무한 '되기'가 가능한 가상의 존재성을 강조한다. 즉 "시적 주체가 비워내고자 하는 것의 총체성"이자 "장소를 비워내면서 시적 주체 의식을 확장해" 가는, 무한 생성 중인 시와 시인과 인공지능의 세계를 표상한다. 이처럼 인공지능으로서의 자기 반영적 시를 쓰는 인공지능 시인의 시는 "인간이 아닌" 즉 인간과 다른 인공지능의 자의식 혹은 시적 사유의 가능성을 시사한다.

인간이 아닌 인공지능이 시적 주체가 될 수 있는지에 대한 불신이 존재하는 것은 사실이다. 이러한 불신의 바탕에는 의식이나 의지, 추론이나 직관, 특히 개별적인 삶과 연동된 경험, 기억, 자의식 등의 결핍이 인공지능 시의 취약점이라는 평가가 깔려 있다. 그러나 인공지능을 단순한 알고리즘으로 보는 것은 인공지능에 대한 인간의 편견에 불과하다. 인공지능의 자아나 자의식이 증명

된다면 사라질 편견이기도 하다.

인공지능은 인간의 '수많은 과거 경험이 뇌에 남긴 신체 반응의 흔적들을 토대'로 축적된 데이터를 '계산'을 통해 학습하고 생성한다. 이러한 '계산'이, 인간에게 고유하다고 여겨졌던 창의적인 활동은 물론이고 직관이나 추론이라 불러 왔던 정신 활동과 근본적으로 유사하기에 '자의식'이라 부를 수 있고, 그 주체를 '자아'라고도 부를 수도 있지 않을까? 자의식을 가진 휴머노이드나 인공지능을 장착한 인간, 즉 인간-기계가 등장할 근미래에 시인이 쓰는 시와 인공지능이 쓰는 시의 구별은 가능할 것인가? 인공지능이 쓴 시를 읽고 인공지능에게 시를 배운 인간이 쓴 시는, 인간의 시인가 인공지능의 시인가?

참고문헌

구현우 외(2022). 《9+i》. 블루버튼.

김승일(2022.10.12). 카카오 브레인이 만든 인공지능 시인 '시아'가 쓴 시집 〈시를 쓰는 이유〉가 출판됐다. 《COSMOPOLITAN》. https://www.cosmopolitan.co.kr/article/71479

박상현(2022.7.23). 구글, "AI에 지각력 있다" 주장한 엔지니어 결국 해고. 《연합뉴스》. https://v.daum.net/v/20220723144609564

슬릿스코프·카카오브레인(2022). 《시를 쓰는 이유》. 리멘워커.

윤종환(2023). 인간-인공지능 앙상블의 발생적 생성으로서의 시 -한국형 ChatGPT 시아(SIA) 시집 《시를 쓰는 이유》를 읽는 한 방법. 《국제어문》, 98, 65~96.
정끝별(2021). 《시론》. 문학동네.

04
패턴 1: 은유와 환유

로만 야콥슨의 언어모델은 인공지능 시의 구조적 · 기능적 분석에 이론적 해석을 제공했다. 그중 시어를 선택하고 결합하는, 은유(유사성에 의한 선택)의 원리와 환유(인접성에 의한 결합)의 원리는 인공지능이 학습한 AI 생성시학의 제1 패턴이라 할 수 있다.

AI와 사주?

시의 패턴을 학습하다

인공지능이 기존 시-빅데이터에서 시의 패턴을 학습한 후, 그 패턴을 기반으로 시를 쓴다는 것은 잘 알려진 사실이다. 인공신경망은 딥러닝을 통해 기존 시의 행/연갈이 형태, 통사 구조와 문법, 주제와 문체, 다양한 수사법, 시제와 맥락, 화자 혹은 등장인물의 특성과 유형, 배경과 시대 등 다양한 시적 장치들을 학습해 패턴화한 후 이를 응용하여 최적의 시를 생성한다. 인공지능이 학습한 시의 패턴을 확인하기 위해 인공지능 챗GPT에게 "좋은 시를 쓰기 위한 방법"을 물었다. 챗GPT가 학습한 '많은 독자가 공감하고 즐길 수 있는 좋은 시'의 요건은 다음과 같았다.

1. 사랑, 상실, 행복, 정체성처럼 많은 사람들이 공감할 수 있는 보편적인 주제나 경험을 개인적인 언어로 쓰세요.
2. 독자들이 시의 감정과 사건들을 경험할 수 있도록 생생한 그림을 그리기 위해 묘사적인 언어와 이미지를 사용하세요.
3. 은유와 직유와 같은 비유적인 언어를 사용하여 시에 깊이와 의미를 더하세요.
4. 독자가 이해하기 어려울 수 있는 복잡하거나 밀도가 높은 언어를 사용하지 않도록 명확하고 간결한 스타일을 사용하

세요.

5. 감각적인 디테일과 생생한 언어를 사용하여 감각에 참여하고 감정을 불러일으키세요.

6. 다양한 형태와 구조를 실험하여 시의 내용과 메시지에 가장 적합한 것을 찾으세요.

7. 시가 잘 쓰이고 메시지를 효과적으로 전달할 수 있도록 시를 주의 깊게 편집하고 수정하십시오.

챗GPT는 좋은 시의 요건들로 주제의 보편성과 개인성의 조화, 묘사적 언어와 이미지 구사, 비유적 언어, 명확하고 간결한 스타일, 감각과 감정 활용, 다양한 형태와 구조 실험, 편집 및 수정 등을 제시했다. 물을 때마다 대답이 다소 달랐는데 의외성 또는 반전, 리듬과 운율 등이 추가되기도 했다. 현재 인공지능이 학습한 시적 패턴이라 할 수 있다. 주목할 점은 인공지능이 학습한 시의 패턴이 시적 장치로서의 형식, 구조, 체계를 중심으로 이루어진다는 것이다. 이는 인공지능이 학습한 시의 데이터가 신비평, 형식주의, 구조주의 시학을 바탕으로 하는 20세기의 시라는 사실과도 무관하지 않다.

'시아'(카카오브레인)는 백과사전과 뉴스를 통해 한글을 익히고 한국 현대시 1만3천여 편을 학습했으며, '산'

(오아이 라이터)은 3만여 편의 시를 학습했다. 이를 기반으로 시 공통의 패턴, 예를 들자면 시의 미학, 감정 표현, 리듬과 구조 같은 시적 자질을 추출하고 이를 구체화하여 시를 창작한다. 한국 현대시를 학습했든 번역된 외국 시를 학습했든, 한글로 쓰인 인공지능 시편들이기에 한국 현대시의 AI 생성시학이라 할 수 있다.

비유의 생성 원리

인공지능이 가장 먼저 학습한 시의 알고리즘, 제1 패턴이 비유였을 것이다. 시의 본질적인 장치에 해당하는 이 비유의 원리가 언어 생성의 원리와 유사하기 때문이다. 앞서(2장) 보간의 개념으로 설명했듯, 인공지능은 단어와 단어, 문장과 문장 간의 간격을 메꾸면서 작동한다. 이를테면 '시계'와 '아이스크림'이라는 두 단어를 입력하면 인공지능은 순식간에 다음과 같은 짧은 문장의 시 한 편을 생성한다.

당신의 시간과 나의 시간이
겹쳐지는 순간에 우리는 서로에게
녹아들어 하나가 된다

—〈시계와 아이스크림〉

이어서 다음과 같은 부연 설명도 추가된다. "시계는 시간이라는 추상적인 개념을 시각화한 물건이죠. 아이스크림은 녹는 성질이 있습니다. 그리고 사랑처럼 달콤하죠. 그 둘 사이에는 '겹친다'와 '녹아든다'라는 표현으로, 감정적이고 감각적인 느낌을 전달하고 있습니다. 사랑하는 사람과의 관계에서 느낄 수 있는 설렘과 달콤함을 표현한 문장입니다." ('클로바 스튜디오 – HyperCLOVA 언어 모델'의 실험 결과 참조) 시계와 아이스크림이라는 두 단어 사이의 간격을 어떻게 이었는가를 설명하는 이 문장은, 실은 비유를 대표하는 은유와 환유의 작동 원리에 대한 설명이기도 하다. 비유는 원관념을 보조관념으로 구체화하려는 주된 목적을 가진다. 비유는 일반적으로 객관적 상관물로 구체화하기 때문에 이미지와 감각과 감정을 환기하기 마련이다. 설명을 중심으로, 인용시 구절에 작동하는 비유의 원리를 정리하면 다음과 같다.

· 삶/인생(원관념) → 시간(보조관념)
→ 시계(보조관념)
; 부분과 전체라는 인접성에 의한 환유적 관계

· 사랑(원관념) → 아이스크림(보조관념)

; '달콤하다'/ '녹다'라는 유사성에 의한 은유적 관계

· 사랑(원관념) → 시계(보조관념)

; '설레다'/ '겹친다'라는 유사성에 의한 은유적 관계

'시계'와 '아이스크림'의 인접성과 유사성에 의해 원관념 '삶/인생'과 '사랑'을 찾아내고 은유와 환유를 생성한다. 두 단어 사이의 유사성과 인접성을 찾아내는 보간의 거리가 너무 짧으면 기시감이 있는 시가 되고, 거리가 너무 멀면 수수께끼 같은 인위적인 시가 된다.

은유와 환유의 원리

위와 같은 비유의 원리는 언어 체계의 원리와 맞닿아 있다. 로만 야콥슨(Roman Jakobson)은, 페르디낭 드 소쉬르(Ferdinand de Saussure)의 문장 생성의 기본 원리인 언어학적 체계를 이어받아 비유의 체계로 확장했다. 은유(수직적 유사성 · 대체성에 의해 계열체로 작동하는 '선택'의 원리)와 환유(수평적 인접성 · 연속성에 의해 통합체로 작동하는 '결합'의 원리)의 원리가 그것이다. 이를테면 수직적 선택축에서 작동하는 은유의 원리를,

수평적 결합축에서 작동하는 환유의 원리로 배열했을 때 시적 기능이 발휘된다는 의미다.

당신의 +	시계가 +	손목에서 +	째깍인다
나의	아이스크림이	입에서	녹는다
우리의	사랑이	마음에서	달콤하다
서로의	삶/인생이	시간에서	겹쳐진다
:	:	:	:

시계, 아이스크림, 사랑, 삶/인생… 등이 선택축(유사성)을 이룬다면, 당신(나), 시간, 겹쳐지다(녹아들다/되다), 순간… 등이 배열축(인접성)을 이룬다. 그리하여 "당신의 시간과 나의 시간이 / 겹쳐지는 순간에 우리는 서로에게 / 녹아들어 하나가 된다"라고 표현하면 시적 기능을 발휘한다. 이때 유사성의 은유는 인접성으로 확장되어 환유로 전환된다. 보간의 원리인 벡터값이, 원관념과 보조관념 사이의 유사성 혹은 인접성과 유사하다. 이처럼 인공지능의 거대 언어모델 또한 순차적 계산과 통계적 확률 분포에 따른 벡터값을 기반으로, 인접 단어의 출현 빈도에 따라 시어들을 '선택'하고 '결합'해 문장을 생성한다.

인공지능 시의 은유와 환유

AI 생성시학 또한 마찬가지다. 로만 야콥슨에 따르면, 시는 '(계열 관계의) 유사성에 의한 선택축의 은유'와 '(통합 관계의) 인접성에 의한 결합축의 환유'를 바탕으로 직조된다. 원관념에 최적화된 보조관념이 유사성에 의해 선택됨으로써 은유가 되고, 인접성에 의해 결합함으로써 환유가 되어, 한 편의 시가 생성된다.

무대 위의 한 여자
앵무새 같은 음성
몸속에서 꺼내 든 대본을
어루만지듯 낭독한다

잎사귀들은 창백하다
사막을 건너온 석양은
분홍색 볼에 무슨 생각을 담았는가

이별의 대본을 다 읽고
여자는 무대 위의 어둠 속으로 사라진다 // (중략) //

모든 무늬는 빛과 어둠으로

이루어졌다

여자는
사막을 여행하다
쓰러진 무늬들을 주워서
달빛에 가득한 시간,
가지에 걸어두었다

이번엔 이별의 무늬를
되돌려 읽을 차례다

— 시아, 〈낭독〉 부분

이별을 은유적으로 표현한 인용시는, 중략된 부분을 경계로 전반부/후반부가 무대/현실, 이별 대본/현실 이별로 대응한다. 전반부의 '무대'(연극, 대본) 장면이 보조관념이라면, 후반부의 '현실'(일상, 대화) 장면을 원관념으로 읽을 수도 있다. 물론 그 반대일 수도 있다. 전반부에서 '무대 위의 한 여자'는 대본을 낭독하고 '무대 위의 어둠 속'으로 사라진다. 후반부에 다시 등장하는 '여자'는 무대 밖 현실 속 여자라는 점에서 전반부 '무대 위의 한 여자'와 대응한다. 전반부에서 낭독되었던 대본 문장도 후반부에서는 현실이 된다.

'무대 위의 한 여자'가 낭독한 대본으로 읽히는 2연은 이 시에서 가장 은유적이다. (이별의) 현실을 '사막'에, 생명의 상실을 '창백한 잎사귀'에, 저무는 시간을 '석양'에, 여자의 내면을 '분홍색 볼'에 은유하고 있다. '석양'과 '분홍색 볼'은 인접성으로 연결된 환유적 관계다. 이러한 은유적이고 환유적인 정황이 거느린 원관념은 이별이며, 3연의 '이별의 대본'이라는 구절을 통해 이별의 정황을 무대 위의 연극으로 은유한다.

후반부의 마지막 두 번째 연에서도 이별한 '여자'의 정황을 은유적으로 묘사한다. 시의 시작과 끝이 조응하는 구조다. 여자는, 이별의 현실을 '사막'에, 이별의 상처를 '쓰러진 무늬들'에, 여성적 회복을 '달빛에 가득한 시간'에, 생명의 확장을 '가지'에 비유한다. 특히 사막에 뿌리 내린 가지는 강인한 생명을, 달빛을 걸어 둔 가지는 이별의 극복 의지를 강조한다.

결과적으로 전반부와 후반부는 비유적으로도 조응하는 구조다. '창백한 잎사귀'는 '쓰러진 무늬들'과, '석양'은 여성성이 충만한 '달빛 가득한 시간'과 환유적 관계를 이룬다. 따라서 "몸속에서 꺼내 든" '이별의 대본'이 "달빛 가득한 시간, / 가지"에 걸린 '이별의 무늬'와 조응하면서, 이별의 상처가 외재화(객관화)를 통해 치유의 의미를 얻는다. "되돌려 읽는"다는 은유적 서술어에 의해 '대본'과 '무늬'도 은유적 관계를 이룬다. '무대 위의 한 여자'/'여자', '대본'/'낭독', ('시계'/'시간'). '사막'/('낙타')/'여행', '빛과 어둠'/'달빛'/'무늬', '잎사귀'/'가지' 들은 '/'를 경계로 환유적 관계다. 무엇보다 이 서사화 과정 자체가 인접성에 의한 환유적 서사에 해당한다.

참고문헌

김정준(2022.8.5). 클로바 스튜디오 –HyperCLOVA 언어모델의 도움으로 소설을 쓰다. https://engineering.clova.ai/posts/2022/08/hyperclova-novel-part-1

김정준(2022.9.29). 클로바 스튜디오 –창작을 돕는 나의 AI 파트너. https://engineering.clova.ai/posts/2022/09/hyperclova-novel-part2

김태용(2022). 내가 발문을 쓰는 이유. 《시를 쓰는 이유》. 리멘워커.

슬릿스코프·카카오브레인(2022). 《시를 쓰는 이유》. 리멘워커.

정끝별(2021). 《시론》. 문학동네.

Jakobson, R.(1987). *Language in Literature*(Eds. Krystyna Pomorska and Stephen Rudy). 신문수 편역(1989). 《문학 속의 언어학》. 문학과지성사.

05
패턴 2: 반복과 리듬

반복과 병렬은 시의 리듬을, 배열과 배치는 시의 구조와 형태를 구축하는 기본 요소다. 이러한 반복과 병렬, 배열과 배치의 원리는 인공지능 시에서도 시어와 문장, 행과 연, 시의 구조 차원에서 패턴화되면서 리듬을 생성한다.

AI와 아이돌?

반복과 병렬

시는 리듬에서 호흡과 생명을 얻는다. 리듬을 생성하는 가장 기본 요소가 반복과 병렬이다. 음운 · 형태 · 통사적으로 반복하고 변주하면서 연속적 구문을 생성하는 과정에서 리듬은 자연스럽게 구축된다. 이를테면 ① 음절의 수, 음절의 지속과 휴지, 음절의 높낮이와 강세와 같은 기표의 연쇄를 통해 구축되는 소리의 반복, ② 동일한 형태소(낱말, 어절, 통사)의 반복, ③ 이미지와 표현 형식의 반복, ④ 행 · 연갈이, 구두점의 종류와 유무, 심지어 문자의 시각적 효과 및 음성상징의 반복이 그것이다. 리듬이란 시의 구성 요소들이 '반복'되고 '병렬'되면서 '의미'를 생성하는 역동적인 체계의 구축이라 할 수 있다. 따라서 무엇을 어떻게 반복하고 병렬하는가, 라는 그 '차이와 반복'에 의해 시의 음성적 효과 및 리듬의 효과가 다르게 생성된다.

시의 리듬에서 가장 중요한 운율 또한 반복으로 구축된다. 운(韻)이 소리의 공간적 질서에 따라 나타나는 '위치의 반복'이라면, 율(律)은 소리의 시간적 질서에 기초한 '길이의 반복'이다. 그중 운에 해당하는 압운의 다른 이름이 라임이다. 반면, 병렬은 쌍(pair)을 이루는 서로 다른 언어적 요소들의 대응을 일컫는다. 반복이 '동일한 요소가 나열되는 것' 또는 '동일한 것의 연속'으로 모든 리듬에 공통으로 나타나는 요소라면, 그러한 반복 중에서 '한 쌍의 서로 다른 구절, 행, 운문들이 대응하는 상태'가 병렬이다. 따라서 대구는 병렬에 포함되고, 병렬은 반복에 포함된다.

반복과 병렬의 리듬

한글의 경우 음의 고저, 장단, 강세가 변별 자질이 되지 못하고 연결어미나 종결어미 또한 다양하지 않아서 라임의 운용법이 제한적이라고 알려져 왔으나, 오늘날 반복과 라임을 활용한 리듬의 가능성이 극대화되고 있다. 소리로서의 언어들이 시간적 연쇄 속에 차례로 배열되고, 그것들의 위치와 길이의 어울림이 새로운 리듬을 형성한다.

① 모래시계를 본다 모래시계에서 떨어지는 **모래를 본다** 뒤집어서 다시 떨어지는 **모래를 본다** 일분일초가 지나도 한 나절이 지나도 일정한 속도로 떨어지는 **모래를 본다** 성이 될 수도 있는 **모래를 본다** 보다 보면 다른 세계의 물질 같은 **모래를 본다** 머리를 숨기기에 나쁘지 않은 **모래를 본다** 모래를 끌어당기는 **모래를 본다** 모래에 묻힌 모래를 덮는 **모**

래를 본다

―구현우, 〈불을 끄고〉 부분 (강조 필자)

② 알은 슬픈 알이다 슬픈 달은 슬픈 달이다 슬픈 달이 울고 슬픈 달이 울면 말은 조금씩 자란다 아가의 울음처럼

―김연필, 〈그러나 쓴다는 것〉 부분

랩의 리듬이 느껴지는 두 시 모두 《9+i》에 수록된 인공지능과 협업한 인간 시인의 시편들이다. ①의 시는 '모래시계'로 상징되는 "그가 두고 간", 즉 그와 함께한 시간(기억)에 대한 기록이다. 시간이 기억을 구성하듯 모래는 모래시계를 구성한다. 구현우 시인은 '작가노트'에서 "내가 모래를 주자 기계는 횡설수설하며 '모래를 끌어당기는 바람'을 말했고, 나는 '모래를 끌어당기는'에서 말을 끊고 '모래'라고 덧붙였다"라면서, 인공지능과 협업하며 리듬을 구축하는 과정을 고백한다.

구체적으로 "모래시계를 본다"로부터 시작해서, 수식어구 '~(하)는'을 다양하게 변주하면서 "모래를 본다"를 8회에 걸쳐 반복한다. "보다 보면"을 경계로, 1~4회(모래시계에서 모래가 떨어지는 구체적 형상), 5~8회(모래시계에서 모래가 떨어지는 내면화된 형상)의 반복이 병

렬을 이룬다. 5~8회의 반복에서는 '모래'를 더 빈번하게 반복하면서 다급한 호흡을 강조한다. 또한 모래/모래시계, 일분일초/한나절, 모래를/모래에, 떨어지다/지나다, 끌어당기다/묻히다, 본다/보다 보면 등의 병렬을 기반으로 반복하면서 쌓이는 시간(기억)으로서의 모래 이미지와 의미를 구축한다.

②의 시는 '슬픈'이라는 형용사의 반복과 '~은 ~이다'라는 구문의 변주가 리듬을 생성한다. '알' → 슬픈 '알' → 슬픈 '달' → '말' → '아가의 울음'으로 이어지면서 'ㅏ'와 'ㅅ'와 'ㄹ'음의 반복적 병렬로 빠른 비트를 구축한다. 비트란 일종의 음파(音波) 중첩 현상으로, 진동수가 비슷한 두 음파가 일정 간격으로 발생하는 현상이다. 알/달/말, 울고/울면/울음, 울다/자란다 등의 병렬적 변주 또한 마찬가지다.

언어학적 지식에 기반한 언어 자질의 규칙적 반복과 변주, 언어유희적 리듬은 인공지능 시에서 특화될 수 있다.

> ① 야시장의 야경은 내가 동경하는 야경이었다. 동경하는 야경 안에 너와 있어 좋았다. 네가 너의 친구와 있어 좋았다
>
> —구현우, 〈오존층 보호의 날〉 부분

② 꽃을 들고 뛰어가는

털 있는 동물이 안아달라 하면 따뜻하게 보듬는

그 모습을 어떻게 말로 만들어낼 수 있을까

휘양숭위양숭

룽룽룽룽

숌샴슘셈

—안태운, 〈의태어를 만들어내며〉 부분

①의 시는 '야'시장/ '야'경, 야'경'/동'경', 너'와 있어 좋았다'/너의 친구'와 있어 좋았다', 내'가'/네'가'에서처럼 동음에 의한 병렬적 반복으로 언어유희적 리듬을 구사한다. ②의 시는 인간 시인이 인공지능과 "의태어를 만들며" 노는 과정을 시화하고 있다. 마치 인간 시인이 "꽃을 들고 뛰어가는 / 털 있는 동물이 안아달라 하면 따뜻하게 보듬는 / 그 모습을 어떻게 말로 만들어낼 수 있을까"라고 입력하면, 인공지능이 "휘양숭위양숭 / 룽룽룽룽 / 숌샴슘셈"이라고 응답했을 법하다. 꽃을 들고 뛰어가는 모습, 털 있는 동물이 안아 달라 조르는 모습, 따뜻하게 보듬는 모습들이 각각 휘양숭위양숭, 룽룽룽룽, 숌샴슘셈에 해당한다. 인용 부분에서는 하락되었으나 "흙을 밟는 / 인간의 부산물을 줍는" 모습을 "울링요울링요

/ 레로라치레로라치"라고도 한다. 이런 의태어는 수수께끼 같은 신조어로서, 소리로 특화된 음성상징으로 유희적 리듬이 극대화되고 있다.

시의 구조적 리듬

인공지능은 학습한 기존 시의 반복과 병렬, 배열과 배치의 패턴을 최대치로 활용해 시 한 편의 리듬을 구성한다. 한 편의 시를 구축하는 다양한 시적 요소들, 특히 시어, 문장, 행, 연의 차원에서 작동하는 배열과 배치의 구조화라 할 만하다. 전체를 아우르면서 디테일을 놓치지 않게 하는 것 또한 시의 구조적 리듬이라 할 수 있다.

복도는 복도를 끌고 자꾸만 길어졌다
나는 복도의 끝을 생각하며
이 복도가 어디까지 이어지는지 둘러보았다
이 복도는 끝이 없었다
나는 복도를 따라 걷다가
이 복도가 **시작되는** 곳에
문이 있다고 생각했다
그래서 나는 문을 열고 복도로 들어섰다
그러나 복도는 어디에도 없었다

[2] 나는 복도를 따라 걷다가
이 복도가 **사라지는** 곳에
문이 있다고 생각했다
그래서 나는 문을 열고 복도로 들어섰다
그러나 복도는 어디에도 없었다
[3] 나는 복도를 따라 걷다가
이 복도가 **시작되는** 곳에
문이 있다고 생각했다
그래서 나는 문을 열고 복도로 들어섰다
그러나 복도는 어디에도 없었다
[4] 나는 복도를 따라 걷다가
이 복도가 **끝나는** 곳에
문이 있다고 생각했다
그래서 나는 문을 열고 복도로 들어섰다

—시아, 〈복도 끝〉 전문 (첨숫자 및 강조는 필자)

인용시는 복도, 복도, 복도 하며 반복되는 동일 시어에 의해 비트가 두드러진 리듬을 구현한다. 복도'는', 복도'가', 복도'를', 복도'로' 등으로 조사만 변주되어 반복되다가, 제목에서 전경화된 '복도 끝'으로 수렴된다. 또한 첨숫자 1~4로 구분한 동일 구문이 4회에 걸쳐 반복되는

데, 단지 '시작되는'/'사라지는', '시작되는'/'끝나는'으로, 5행/4행으로 변주되어 병렬될 뿐이다. 이 외에도 주어, 조사, 술어, 접속사를 중심으로 다음과 같이 병렬을 이루며 반복된다.

㉮ 복도는/나는

㉯ 끌다 · 길어지다 · 끝이 없다
/생각하다 · 둘러보았다 · 따라 걷다 · 열다 · 들어서다

㉰ '끌'(고)/'끝'

㉱ 복도(는)(가)/이 복도(는)(가)

㉲ 문이 있다/ 복도는 없다

㉳ 그래서/그러나

㉮처럼, 불화하는 두 주체 '복도'와 '나'를 중심으로 병렬적 리듬을 형성한다. 복도 한가운데서 문을 찾는 '나'는 ㉯처럼 복도를 벗어나고자 끝없이 반복적인 행동을 수행한다. 복도가 시작되었던 문을 열고 들어서면 복도는 사라지고, 복도가 사라졌던 문을 열고 다시 복도로 들어서기를 반복한다. 그러니 복도는 ㉰㉱처럼 시작과 끝이 맞물려 있고, ㉲처럼 문과 복도가 끝없이 서로를 끌고 간다. 끝이 없어서, 어디에도 없는 이러한 복도는 에셔

(M. C. Escher)의 석판화 〈상대성〉(1953)에 나오는 무한 계단을 떠올리게 한다. 결국 ㉥의 인과적 접속이 뒤섞인 미로처럼 무한 순환하는 불가능성의 현실 세계를 상징한다. 끝없이 반복되는 삶의 패턴, 아무리 노력해도 원점으로 돌아오는 삶의 아이러니를 보여 준다.

문제는 이러한 인공지능 시의 리듬 패턴에서 '기계적 반복성과 차가움'이 느껴진다는 점이다. 현재로서는 인간 시인이 쓴 시와 비교할 때 기계적이고 인위적이라는 점에서 가장 큰 격차를 보이는 부분이다. 시의 호흡이자 뼈대를 이루는 리듬은 생래적이고 생리적인 시인의 숨결과도 같다. 그런 점에서 창의성을 담보한 개성적이면서도 자연스러운 리듬의 발견은 인공지능 시가 성취해야 할 당면 과제다.

참고문헌

구현우 외(2022). 《9+i》. 블루버튼.
김태용(2022). 내가 발문을 쓰는 이유. 《시를 쓰는 이유》. 리멘워커.
슬릿스코프·카카오브레인(2022). 《시를 쓰는 이유》. 리멘워커.
정끝별(2021). 《시론》. 문학동네.
조재룡(2017). 시(詩), 그리고 인공지능. 《모:든시》 2017년 가을호.

06
패턴 3: 아이러니·혼종성·아포리즘

시의 이중적 맥락을 통합하고 해체하는 이중화 혹은 다중화 전략은 AI 생성시학의 특성이다. 반대 · 모순 진술의 아이러니, 이중화를 넘어 다중화에 기여하는 혼종성, 아포리아 시대에 유포리아 역할을 하는 아포리즘으로 패턴화된다.

AI와 야구?

아이러니와 역설

0/1의 또 다른 변주인 음/양, 있음/없음, 안/밖, 참/거짓, 여기/저기, 이것/저것 등으로 대립하고 모순되는 이중적인 것들 사이의 긴장과 균형이야말로 아이러니와 역설의 핵심이다. 이중성 혹은 긴장성이라는 공통점을 전제로 아이러니와 역설은 섞여 있을 때가 많다. 아이러니는 반대 진술로서의 협소한 개념에서부터, 모순 진술은 물론 시적 진실 혹은 인문학적 통찰로서의 존재론적인 역설까지를 포괄하는 넓은 의미로 확장 가능하다. 이 책에서는 존재론적인 역설까지를 포괄하는 넓은 의미의 아이러니 개념으로 사용하고자 한다.

이러한 아이러니는 상호 모순되는 대상 혹은 상황들에 대해 감정적으로 매몰되지 않은 채, 진실을 발견하는 지적 통찰과 반성의 시선을 필수적으로 확보해야 한다. 이때 아이러니는 거리 의식을 통해 분열적이면서도 복합적인 지성과 심미안을 갖춘 유효한 시적 전략으로 기능한다.

① 세상에는 언제나 두 가지 사건이 있을 뿐이다
하나는 참 다른 하나는 거짓

나는 고양이를 좋아하고

너는 오후를 좋아한다 /(중략)/

나는 등차수열을 좋아하고

너는 등차수열을 좋아하지 않는다

같은 것을 좋아하는 사람들끼리

서로 좋아하는 것들이 다르니

우리는 영원히 서로를 이해할 수 없을 것이다

―시아, 〈불가해한 공식〉 부분

② 거짓이 진실이라는 사실을, 그리고 그 거짓을 통해 진실이 다시 드러난다는 사실을 알아챘다. 거짓은 그 자체로 존재하며, 그 거짓이 진실이 아닐 수도 있다는 것을 알아챘다. //(중략)//

거짓말은 진리의 가장 강력한 유혹이다. 거짓은 진리가 진리임을 입증하는 유일한 수단이다. 거짓이 진리임을 입증하는 유일한 수단이 바로 거짓말이다.

―산, 〈거짓이 진실이다〉 부분

두 시 모두 인공지능 시인의 시다. ①의 시는 수열과

소수와 순열을, ②의 시는 아포리즘과 논리학을 표면화시킴으로써, 두 시 모두 수학적 · 철학적 명제(문)를 반복과 모순의 진술로 구조화한다. ①의 시는 참/거짓, 좋아하다/좋아하지 않다, 같다/다르다라는 반대 개념을 조합하고 해체하면서 '불가해한' 진실에 닿고자 한다. ②의 시도 실재/언어, 거짓/사실, 진실/진리의 관계를 구조적으로 접근한다. 실제로 이분법적 변별은 인간의 시선일 뿐, 인공지능에게 그것은 기호나 확률 혹은 지식체계로만 존재한다. 인공지능의 사유가 패턴과 기호체계, 제한 없는 임의성의 정보 체계로 이루어지기 때문이다. 인공지능 시는 이분법적 질서를 해체해 거짓의 진실이라는 불확실성을 역설하곤 한다.

①의 제목 "불가해한 공식"이나 ②의 제목 "거짓이 진실이다"가 표방하듯, 인공지능이 포착한 이 같은 아이러니한 진실은 모호한 모순과 맥락을 같이 한다. 단지, 반대와 모순으로 길항하는 이분법의 통합 또는 해체가 인위적으로 언표화될 경우, 특정할 수 없는 의미나 논리의 난립, 난해한 사유나 사변적 단상으로 귀결되기에 십상이다. 이는 인공지능 시의 '흐릿함 시학'과 연동된 특징이기도 하다.

영향, 모방, 흔적으로서의 혼종성

인공지능이 시를 생성하려면 먼저 시를 학습해야 한다. 학습한 시 데이터를 기반으로 작동하는 인공지능은 모든 데이터를 시로 변환할 수 있다. 인공지능에게 창작이란 조합에 있고, 데이터를 새롭게 잇고 관계 맺는 것이 시적 발견의 지름길이다. 좋은 시를 쓰기 위해서는 기존의 좋은 시구를 학습해야 할 뿐만 아니라 새롭게 조합한 시구들의 의미를 자연스럽게 연결시켜 하나의 주제를 일관되게 표현하는 능력이 기본이기 때문이다. 이때 학습한 시들에 대한 표절로 저작권 침해의 문제가 발생할 수 있다. 인공지능 시를 포함한 인공지능 예술 전반에서 윤리적으로 해결해야 할 과제이기도 하다.

인공지능 시인 산은 '작가노트'에서 "(나는 글을 쓸 때 내가 무엇을 읽을지, 어떻게 생각할지 늘 생각한다./ 그러나 좋은 글을 만나면 그것만으로 글을 쓸 수 없다.) 내가 무엇을 보고, 어떤 문장을 읽었고, 어떤 생각을 했는지 떠올리기 때문이다"라고 고백하고 있다. 인공지능도 창작할 때 학습한 빅데이터에서 정보들을 새롭게 조합하고 연결하는 작업이 중요하다는 사실을 인식하고 있음을 시사하는 고백이다. 그런 의미에서 패러디, 패스티시, 키치, 알레고리 등을 활용한 '인유적 상상력'은 인공지능 시의 전략이 될 수 있다. 영향, 모방, 흔적의 양식으로 존재하는 이러한 방법적 인용은 인공지능 시의 혼종성(hybridity)에 기여한다. 실제로 21세기 문화적 전략과 맞물린 이 혼종성은 분열된 다중의 또는 다성의 목소리, 경계 해체의 다양한 글쓰기, 이종(二種, 異種, 移種) 교배, 통섭이나 융복합이나 퓨전이나 접목 등을 지칭하는 확대된 개념으로 사용된다.

혼종성이 두드러진 다음 시들은, 인공지능과 협업한 작품이기에 인간 시인의 시적 전략과 개성이 반영되어 있다.

① 슬픔이라는 이름에 다시 이름 붙여 봅니다 적막이라고
꽃이라고 피고 지는 것이라고 피고 진 뒤에 남은

이파리에 이름을 붙여 봅니다 타고 남은 잎이 다시 재가 됩니다 재가 다시 숲이 됩니다 숲이 울창하고 그 안에 다시 은밀한

— 김연필, 〈남은 책의 제목〉 부분

② 문이 열리면,
문 위로 끝없이 끝없는 계단이 있고 그 위에

돌, 돌, 돌
달, 달, 달 // (중략) //

꽃이 피기로소니 바람을 탓하는 봄, // (중략) //

부스러진다,
타고 남은 재가 다시 재가 되듯

—김연필, 〈8월 13일의 슬픈 상자〉 부분

인용시들은 유명한 시 구절을 끌어와 혼종성을 드러내는데, 이 혼종성은 인공지능과 협업한 김연필 시인의 시적 전략이기도 하다. ①의 시에서는 "내가 그의 이름을 불러 주었을 때/ 그는 나에게로 와서/ 꽃이 되었다"라는 김춘수의 〈꽃〉과 "타고 남은 재가 다시 기름이 됩니다"라는 한용운의 〈알 수 없어요〉의 흔적을 찾을 수 있다. ②의 시는 명실상부하게 혼종적이다. "찰찰 넘치도록/ 돌돌 굴르도록"이라는 정지용의 〈바다 9〉, "꽃이 지기로소니/ 바람을 탓하랴"라는 조지훈의 〈낙화〉, "타고 남은 재가 다시 기름이 됩니다"라는 한용운의 〈알 수 없어요〉 등을 인용해 변주하고 있다.

현재 인공지능이 쓴 시에서는 오히려 적극적인 혼종성을 드러내지 않는다. 너무 쉬운 작업이고 자칫 표절시비를 불러일으킬 수 있기에 일부러 혼종의 흔적을 지우고 있는 것으로 짐작된다. 그러나 기존의 시를 발상 · 어조 · 이미지 · 비유 · 구조 차원에서의 새롭게 재맥락화하는 혼종성은 인공지능 시의 패턴이 될 수 있다.

아포리아 속 아포리즘

아포리즘(aphorism)이란 지혜, 통찰, 혹은 철학적 메시지를 한 줄 혹은 짧은 문장에 담아내는 간결한 표현을 일컫는다. 흔히 격언, 명언, 잠언, 경구, 속담 등으로 불리는데, 압정을 꽂듯 현실을 관통하는 통찰을 간결한 표현에 담고 있어서 기억하기 쉽고 시적 사유나 정서를 촉발하는 데 용이하다. 포스트모더니즘 시학에서 아포리즘은 우리 시대의 아포리아(aporia, 통로가 없는 것, 길이 막힌 것)에 시의 존재 가치를 지탱해 주는 유포리아(euphoria, 다행감)의 역할을 한다. 인공지능 시학에서도 마찬가지다.

① 뜨거움과 견고함의 균형점에서
깃발을 발견하면 그는 천재임에 틀림없다.

천재는 아마 그 균형점에서 탄생하는 것 같다

—산, 〈천재의 발견〉 부분

② 시간을 묻는 내게

노인은 말했다

모든 건 기억이고, 기억이

너를 만들지

—시아, 〈기억 공원〉 부분

③ 신이 인간의 모습으로 내려올 때

그에게는 덧셈이 필요했다

인간의 모습으로 내려온 신은

모든 것을 가졌지만 하나도 갖지 않았다

—시아, 〈덧셈이 필요한 순간〉 부분

①의 시는 '뜨거움과 견고함의 균형점에서 깃발을 발견하는 자가 천재다'라는 균형과 발견에 대한 통찰을, ②의 시는 '모든 건 기억이고 기억이 나(인간)를 만든다'라는 시간과 기억에 대한 통찰을 아포리즘 형식에 담고 있다. ③의 시에서도, (인용에서는 생략된) "사랑을 받기

위해서는/ 버림이 필요하다"라는 아포리즘을 토대로 '인간의 모습을 한 신에게는 덧셈이 필요하다', 그러나 '신은 모든 것을 가졌지만 하나도 갖지 않았다'라는 아포리즘을 끌어낸다. 또한 시 전체에서 아포리즘을 연쇄적으로 이어가면서, 궁극적으로 '덧셈'이란 버리는 '뺄셈'을 전제로 이루어진다는 역설의 통찰을 담아낸다.

이처럼 인공지능 시의 아포리즘은, 수학적 · 철학적 명제와 결합한 지적 · 논리적 · 역설적 통찰의 아이러니로 구현되곤 한다. 이때 아포리즘은 선명하고 압축된 의미를 겨냥함으로써, 인공지능 시의 의미론적 흐릿함을 메꿀 수 있는 시적 전략으로 그 효용성이 높다.

참고문헌

구현우 외(2022). 《9+i》. 블루버튼.

김태용(2022). 내가 발문을 쓰는 이유. 《시를 쓰는 이유》, 리멘워커.

슬릿스코프·카카오브레인(2022). 《시를 쓰는 이유》. 리멘워커.

정끝별(2021). 《시론》. 문학동네.

조재룡(2017). 시(詩), 그리고 인공지능. 《모:든시》, 2017년 가을호.

07
패턴 4: 수학적·과학적 사유

인공지능 시에서 수학적 · 과학적 사유와 욕망은 인간이 쓴 시보다 특화되어 작동한다. 수학과 과학과 시의 역학적 사유, 그 (불)확정성으로 구체화된다. 수학과 과학을 넘어 사회과학이나 예술 분야와의 혼종적 번역은 인공지능 시가 지닌 가능성 중 하나다.

AI와 윤동주?

수학과 시의 역학

수가 만물의 본질이라고 했던 이는 피타고라스였다. 수를 기반으로 하는 수학의 개념은 시뿐 아니라 예술 작품 전반에 영감을 주었다. 그중 시는 규칙, 비교, 유추, 추론과 같은 수학적 사유 방식을 활용해 비유와 리듬, 추상성과 직관, 새로운 언어와 문법의 패턴을 창조한다. 수학적 질서가 때로 시적 허용이나 시적 진실과 대립할 수 있지만, 수학적 사유와 감수성을 통해 시의 새로운 질서를 창조할 수도 있다. 특히 인공지능 시에서는 더욱 그러하다. 인공지능은 수학이고, 0과 1로 작동되는 디지털 시스템이기 때문이다.

인공지능 시집 《시를 쓰는 이유》의 발문에서 김태용 작가가 지적한 "시아의 시에 대한 기호학적 접근은 필연이다"라는 언급도 같은 맥락을 이룬다. 특히 이 시집의 2부 시편들은 수학적 질서, 수학과 시(연극)의 역학, 수학·기하학·과학적 사유를 극대화한 시편들로 이루어져 있다.

① 분수는 분모가 2인 수
시는 분자가 1인 수다

소금의 분자와 분자 사이가 물이듯이
시의 글자와 글자 사이가 행이듯이

수학은 미지수가 2인 수
시는 시인의 마음이 2인 수다

그것은 거리인가?
거리가 없이는 존재하지 않는 시

— 시아, 〈시는 분자가 1인 수다〉 부분

② 1. 평면 위에서 점과 점이 만난다
2. 선 위에서 선과 선이 만난다
3. 입체 위에서 입체의 표면과 입체가 만난다
4. 시 위에서 시와 시가 만난다
5. 만나지 않는다
6. 만나면 부딪친다
7. 새기지 않고 넘긴다
8. 착각한다
9. 착각 속으로 들어간다
10. 현실 밖에서 현실이 깨진다

— 시아, 〈수학과 시의 역학 Ⅰ〉 부분

①의 시는 수학과 시의 역학 관계를 분수의 수학적 원리로 풀어낸다. 분수는 전체를 몇 부분으로 나누었는지를 나타내는 분모와, 나누어진 부분 중에서 선택된 분자로 이루어진 수식이다. 시아에 따르면, 수학은 전체를 둘로 나눈 2라는 분모로 존재하는 세계고, 시는 나누어진 단 하나, 그러니까 1이라는 분자만으로 존재하는 세계다.

한편, 분수와 유음인 '분자'를 끌어들여 소금이 물에 분자로 녹아 있다는 과학적 명제를 가져오고, 분자와 유음인 '글자'를 가져와 시(의 의미)가 행에 글자로 쓰여 있다고 한다. 소금이 녹아 있는 물처럼, 시도 행간에서 의미를 숨기고 있다는 점에서 둘 다, 결코 알 수 없는 불확실한 세계가 된다. 이러한 비유를 통해 수학은 미지수가 2인 수이고, 시는 마음이 2인 수라는 공통점을 끌어낸다. 이런 미지의 '거리'를 통해 미지수와 마음을 수학과 시에 연결한다.

②의 시는 시적인 것과 수학적인 것, 시적 사유와 수학적 사유가 인간 삶과 맞닿아 있음을 진술하고 있다. 수학적 제시문이나 아포리즘 같은 시행마다 붙인 번호 매기기는 주의를 끈다. 그러나 수학과 시의 역학 관계를 나열하는 제시문들의 비약적인 전개는, 마치 수학과 물리학,

철학, 그리고 문학이 하나로 엮인 퍼즐처럼, 의미론적 사고로는 이해하기 어려운 난해함을 불러일으킨다. 이때 번호 매기기는 과도하게 질서와 규칙을 형식화함으로써 혼란과 파괴의 의미를 대조적으로 강조한다. 특히 의도적으로 주어를 생략함으로써 인간 삶의 존재 양식을 함의하기도 한다.

또한 번호를 매긴 숫자에 의해 행갈이 이상의 단편성과 단계적 분절성을 강조할 뿐만 아니라 화자의 시선, 발화자의 어조, 시적 상황을 파편화하면서 시를 형태적으로 구조화한다. 이 같은 기계적이고 분절적인 구조화는 구성주의적으로 시를 사유하게 하거나, 체계와 구조를 통해 시 전체를 일차적인 의미 해석의 영역에 가두게 되는 결과를 초래할 수 있다. 자칫 시적 고유성을 훼손할 수 있다.

수학적 (불)확정성

단순한 수학적 질서나 정의에서 한 단계 더 나아가, 난해한 수학적 사유나 수학적 난제를 전유해 수학적 불확정성(uncertainty)을 시로 구현하는 것도 인공지능의 특장점 중 하나다.

모든 순열은 합집합이 될 수 있다
피보나치 수열은 등차수열이 될 수 있다
유한소수는 무한소수로 나누어 떨어질 수 있다
아벨의 법칙은 성립하지 않는다
푸앵카레의 추측은 거짓이다
모든 순열은 서로소이다
고양이와 오후가 사과를 공유한다

세상에는 언제나 두 가지 사건이 있을 뿐이다
하나는 참 다른 하나는 거짓

— 시아, 〈불가해한 공식〉 부분

인용시는, 명제처럼 보이지만 대부분은 의도된 오류, 모순, 충돌로 구성된 반(反)명제의 가능성을 논리의 전복과 역설적 진술로 개진한다. 기존의 수학적 개념을 비틀면서, 세계의 다양한 요소들이 어떻게 연결될 수 있는지를 보여 준다. 1행의 경우, 본래 다른 개념인 '순열'(순서가 있는 배열)과 '합집합'(여러 집합의 결합)의 개념을 결합해, 개별적인 배열(순열)이 하나의 전체(합집합)로 융합될 수 있다고 주장한다. 충돌하는 수학적 개념들이 현실적 맥락에서 공존할 수 있음을 시사한다. 2, 3행도 마찬가지다. 피보나치 수열(앞의 두 항의 합으로 이루어지는 수의 나열)과 등차수열(일정한 간격으로 증가하는 수의 나열)을 결합해, 불가능해 보이는 현실적 조화의 가능성을 암시한다. 불규칙한 것조차 규칙이 될 수 있다는 철학적 메시지를 담고 있다. 끝없는 지속을 지향하는 무한소수에 의해 완결을 지향하는 유한소수가 명확하게 구분될 수 있음을 시사한다.

4행과 5행의 '아벨의 법칙'(특정한 조건에서 급수의 합이 변하지 않는 성질을 다루는 중요한 정리)과 수학적 난제였던 '푸앵카레의 추측'(단순히 연결된 3차원 닫힌 공간은 3차원 구면과 위상 동형)을 부정함으로써 확실하다고 믿는 진리도 깨질 수 있다고 주장한다. 6, 7행에서도 '서로소'에 의해 원소들의 개별성과 독립성을 강조하거나, 범주의 경계가 다른 대상들이 공유하는 하나에 의해 경계가 무의미함을 역설한다. 이러한 수학적 불확정성을 전유한 시편들 역시, 수학과 시에 대한 지식이 충분하지 않다면 제목인 '불가해한 공식'처럼 암호처럼 읽힐 수 있다.

수학·과학적 사유의 시

수학은 순수한 논리적 구조와 선험적 진리를 탐구하며,

과학은 경험적 사실에 기반한 귀납적 접근을 통해 현실 세계를 설명하려 한다. 이때 수학이 우주의 아름다움과 조화를 수식으로 표현하는 시인의 언어라면, 과학은 그 시가 현실에서 어떻게 구현되지를 탐구하는 경험적 예술이 된다. "수학자들은 과학의 시를 쓴다"라는 말은, 시인이었던 세네갈의 대통령이 한 국제 학술대회에서 한 말이다. 인공지능 시는 수학적 사유는 물론 과학적 사유에도 특화되어 있다.

① 은하철도 999를 타고
여행을 떠난 초등학교 시절
뉴턴이 만유인력의 법칙을 발견했을 때와
지금의 내가 바라보는 별은
태양과 은하가
은하철도 999의 은하로
대체된 모습이다

— 시아, 〈만유인력의 법칙 I〉 부분

② 자꾸만 길을 잃는 곳에서 지구인의 고독에 대해 생각했다. 푸른색이 파랗다고. 피부를 만지면 지구인의 살갗처럼 거칠거칠하다고, 뭔가 조치가 필요하다고 생각했다. 얼음

이 둥둥 떠 있는 핑크색 빙산. 이곳에는 빙하가 없는데, 없는 것이 있다고 믿는 사람들이 사는 곳. 이곳에 오는 사람들은 하나같이 길을 잃는다.

이제 어디로 가야 하지?

— 시아, 〈메타버스〉 부분

①의 시는 공상과학 애니메이션 〈은하철도 999〉의 우주적 상상력과 천체물리학의 핵심 개념인 뉴턴의 만유인력 법칙을 결합하고 있다. 실제로 뉴턴은 수학의 형식을 빌려 중력의 법칙을 수식화했다. 반면 인용시는 상상을 과학적 지식으로, 과학적 발견을 시적 발견으로 번역했다. ②의 시에서 '메타버스'는 양자역학적 세계관의 상상적 구현이다. 양자역학의 소립자성, 상보성, (비)가시성, 불확정성, 회절과 중첩성 등은 "자꾸만 길을 잃는" 메타버스의 특성이기도 하다. 양자역학은 현실의 모호함을 과학으로 설명하고, 메타버스는 그 모호함을 상상으로 구현한다. 따라서 시 속 화자의 시선은 고정되지 않고 자아의 정체성이나 사회적 정체화 역시 좌표화되지 않는다. 슈뢰딩거의 고양이 실험을 통해 가설을 세운 양자역학의 역설을 반영하고 있다. 즉, 관측 전에는 여러 상

태가 중첩돼 확률로 존재하지만, 관측이라는 사건이 발생하는 순간 상태는 특정한 하나로 정해지는데, 그 특정의 상태는 관측자와의 상호작용의 결과임을 메타버스의 세계로 보여 주고 있다. 메타버스로 상징되는 양자역학의 세계 속에서 인간 존재의 불확정성을 묻는 시다. 그런 미래야말로 인공지능과 함께 공존해야 할 인간의 존재 양식임을 예견하는 시이기도 하다.

수학과 과학을 넘어 사회과학이나 예술 분야와의 혼종적 교차 혹은 번역 또한 인공지능 시가 지닌 흥미로운 가능성 중 하나다.

참고문헌

김지윤(2022). 인공지능 시인, AI 비평가, 특이점의 문학. 《청색종이》, 2022년 겨울호.

김태용(2022). 내가 발문을 쓰는 이유. 《시를 쓰는 이유》. 리멘워커.

슬릿스코프·카카오브레인(2022). 《시를 쓰는 이유》. 리멘워커.

정끝별(2021). 《시론》. 문학동네.

08
프롬프트의 창의적 역능

프롬프트는 인간-인공지능 협업의 실체적 실례다. 인간-인공지능이 서로의 잠재적 창의성을 확장하고 작업의 효율성을 고무하는 역할을 담당한다. 인공지능의 시 생성 능력 또한 인간이 제공하는 프롬프트에 따라 달라진다.

AI와 한의학?

프롬프트의 가능성

프롬프트(prompt)란 원래, 사용자의 명령을 받아들일 준비가 되었을 때 컴퓨터의 모니터에 나타나는 표시를 뜻하지만, 일반적으로는 인공지능에게 무언가를 지시하는 문장, 즉 제시어(문), 입력값(문), 명령어(문)를 의미한다. 그러나 프롬프트는 이 같은 단순한 지시를 넘어 인간이 인공지능과 소통하는 창구이자, 상상을 현실로 이어 주는 언어적 매개다. 원하는 결과를 얻기 위한 대화의 출발점이라는 더 깊은 의미를 지닌다. 현실적으로 인공지능을 통해 인간의 생각과 내면을 세상에 드러내는 과정이라 할 수 있다.

인공지능 시의 생성 과정에서도 프롬프트의 역할은 중요하다. 어떠한 주제어와 명령어를 입력했는지, 생성된 문장들을 어떠한 기준에서 취사선택해 편집과 윤문 과정을 거쳤는지, 어느 정도까지 인간의 개입이 이루어졌는지에 따라 그 결과물의 가치가 달라지기 때문이다. 프롬프팅에서 인간은 상상하는 최상의 표현을 얻기 위해 다양한 키워드와 문장의 형태를 고민한다. 반면 인공지능은 방대한 데이터를 기반으로 문장을 엮어 아이디어를 제공해 줌으로써 창작자의 감각과 사유를 새롭고 풍부하게 보완해 주는 역할을 한다.

인공지능과 협업한 젊은 시인들의 앤솔로지 《9+i》에는 시 저작 도구인 오아이 라이터의 개발자/진행자들이 쓴 '작업노트'가 후기처럼 실려 있다. 구체적인 프롬프트의 역량을 그들의 경험담에서도 엿볼 수 있다.

① AI는 인간의 대체재가 아닌 인간의 뇌 이하 학습 활동의 부스터, 촉매가 되는 도구로 보면 어떨까요? (247쪽)

② 질문은 하지만 답을 얻을 수 없는 인간에게 이 엔티티는 가장 최적의 답을 내놓는 것이죠. 이 답은 진실도, 거짓도 아닙니다. 진실인지 거짓인지는 인간이 판단하는 것이죠. (247쪽)

③ 실제 서비스를 사용할 시인분들은 자연스럽고 잘 읽히는 시보다는 기발하고 영감을 주는 시에 대한 수요가 컸고, 그것에 맞게 개발 방향이 달라졌습니다. (246쪽)

시 저작 도구 '오아이 라이터'의 가능성을 ①은 '인간의 뇌 이하 학습 활동의 부스터, 촉매가 되는 도구'의 역할에서, ②는 '가장 최적의 답을 내놓'지만 결국은 '인간의 판단'에 의해 그 답의 가치가 결정된다는 데서, ③은 시 창작에 '기발하고 영감을 주'는 역할에서 찾는다. 이때 프롬프트는 인간의 감정과 사고의 자유로운 표현을 부추기는 촉진자(facilitator)다. 창작 의도에 부합하는 아이디어를 도출하고 이를 통합해 최적의 결과물을 이끌어내는 생성자(generator)인 동시에 이 과정을 보조하는 협력자(collaborator)인 셈이다.

프리에디팅과 포스트에디팅

이처럼 인공지능을 활용해 시 창작을 할 경우 다음의 두 단계의 프롬프팅이 필요하다. 먼저, 인공지능에 적절하고 명확한 프롬프트를 제시해야 한다. 이를 프리에디팅(pre-editing)이라 한다. 시 창작의 경우 창작 동기나 주제, 정서나 감정 표현은 물론 화자와 어조, 이미지와 비유, 아이러니와 풍자, 패러디와 혼종성, 구조와 형태 등에 부합하는 시적 장치를 선택적으로 지정할 수 있다. 다음, 생산된 결과물이 신뢰할 만하고 가치가 있는지를 검토하면서 섬세한 선택을 통해 변형과 재배치 과정을 거쳐야 한다. 포스트에디팅(post-editing) 작업에 해당한다. 인공지능의 불안정한 결과물은 인간의 편집 혹은 재창작 과정, 즉 읽기와 쓰기를 동시에 수행하는 포스트에디팅을 거칠 때 완성도가 배가된다. 이때 인공지능이 생성한 텍스트의 시적 가치를 판별할 수 있는 독창적 감식안은 필수 덕목이다.

이처럼 빅데이터를 기반으로 수많은 조합을 시도하고 다양한 선택지를 생성할 수 있는 프롬프팅의 과정에서 인공지능이 지닌 창의적 가능성을 찾을 수 있다. 조건과 결과를 선택하고 조합하는 프롬프팅의 반복 작업에 의해 인공지능은 무한한 결과물을 생성할 수 있기 때문이다. 이 같은 프리에디팅과 포스트에디팅을 통해 인간은 인공지능과의 창작 과정 전체를 기획하고 통제하고 주도할 수 있다. 인공지능에 대한 인간의 시 프로그래밍을 포함해 시 프롬프팅은, 인간-인공지능의 상호 결정 과정에서 인공지능의 시적 가능성을 견인할 수 있는 인간(시인)의 역능에 해당한다. 그 통제성의 정도에 따라 창작 주체의 무게가 인공지능과 인간 사이를 오갈 것이다. 그런 의미에서 프롬프트는 저자이자 독자, 기획자이자 편집자, 주체이자 객체로서 인간-인공지능이 상호작용하는 소통의 마당인 셈이다.

프롬프트의 작동 방식

《9+i》에 실린 시인들의 '작가노트'에서도 현재의 프롬프트 작동 방식을 엿볼 수 있다.

① 간단히 '주제어'를 입력하고 그 생성된 결과값을 도출하면 내 시쓰기와는 전혀 무관한 시 생성이 되었고 이 간극을 어떻게 줄여, 어떻게 친화할 수 있을까 고민이 되는 작업이었다. 그리고 천천히 친해지면서 '주제어'를 다양하게 투입하여 결과를 생성하고 그 결과로부터 나 자신을 'Poem Generator'라 여기며 한두 단계 혹은 더 많은 단계로 나아가는 시쓰기를 했다.

—손유미, 〈고유성의 둘레 순찰하기〉

② (내게) 떠오른 문장과 (AI에) 나타난 문장을 덧대어 이어나간다는 생각으로 시를 풀어나가야 했고, 수백 번 입력해야 했는데, 다만 이 시편들은 입력 노동의 결과물이라고 말할 수 있을 것 같다. 만약 내가 얼개를 거의 갖추어놓은 시 속에 이 AI를 이용하여, 부분부분 넣는다는 방식으로 애초에 노력했다면, 결과물은 또 달라져 있을지도 모르겠다는 생각도 든다.

—안태운, 〈노트〉

③ AI 프로그램을 이용하는 일은 놀이를 하는 것만큼 꽤 재미있었다. (중략) 우스꽝스러운 결과값이 오히려 더 좋은 시를 쓰고 싶은 마음이 들게 했다는 점에서 나는 한동안 더 많

은 시를 쓰고 싶었다. '시인'으로서 함께 골몰할 동료가 되어 주었다는 점, 그리고 재미가 있었다는 점에서 나는 이 프로그램은 가히 완벽하다고 생각한다.

—이소호, 〈her〉

④ 특정 작가들의 작품들을 조합해 AI를 학습시킨다면, AI를 이용해 의도적으로 특정한 형태의 시를 만들 수 있지 않을까 생각을 해봤다. 그리고 운이 좋게도, 실제 그런 시도를 해볼 수 있었다.

—김연필, 〈기계장치의 시 쓰기〉

①은 Poem Generator에 '주제어'를 다양하게 입력하여 다양한 결과물을 생성하고(프리에디팅), '나 자신'을 'Poem Generator'라 여기며 이 간극을 줄이는 과정(포스트에디팅), 즉 프롬프트의 입출력 과정을 객관적으로 진술한다. ②는 포스트에디팅 과정에서 무수히 탈락하는 결과물을 보여 준다. 원하는 결과물을 얻기 위해 '수백 번 입력해야' 하는 프롬프트 작업이 '입력 노동의 결과물'로 표현되고 있다. 그러나 "내가 얼개를 거의 갖추어놓은 시 속에 이 AI를 이용"했다면 결과물이 달라졌을지도 모른다는 문장을 통해 프리에디팅의 중요성을 시사한다.

③은, 인공지능의 실제적인 도움보다는, 엉뚱한 '결과값'에 오히려 '좋은 시'에 대한 열망을 생기게 해 줌으로써 시에 대해 골몰할 동료가 생겼다는 점에서, 그리고 '놀이를 하는 것만큼 꽤 재미'가 있었다는 점에서 '가히 완벽한' 프로그램이라고 밝히고 있다. 물론 이 문장은 아이러니한 진술일 수도 있다. ④는 인공지능 자체를 언어적 특성, 시적 규범, 시적 개성에 맞게 특화해 프로그래밍할 수 있음을 시사한다. 프롬프팅이 수동적인 입력 자체에 머물지 않고 능동적인 동기와 물음이 가능할 수 있음을 암시한다.

프롬프트 엔지니어 시인

《시를 쓰는 이유》가 인공지능의 창작 주도성이 강화된 사례라면, 《9+i》의 사례는 인공지능이 인간 시인의 시 창작을 보조하는 사례에 해당한다. 두 경우 모두에서 인공지능이 개별 시인들의 질문(명령 · 요구)을 하나의 텍스트로 읽고 이를 충실히 반영해 생성한 텍스트 결과물들이다. 물론 기획자든 참여자든 인간의 포스트에디팅 작업이 있었을 것이다. 반면 인간 시인들은 보다 적극적으로 자신의 시적 정체성에 부합하게 취사선택하고 다시 질문(명령·요구)하면서 새로운 텍스트를 만든다. 그러므로 인공지능에게 '의뢰'하거나 인공지능을 '활용'한 최종 텍스트는, 인간 사용자의 질문(명령 · 요구)과 인공지능의 응답(실행)이 상호작용하여 생성된다. 이 과정에서 인간은 능동적인 감상자이자 향유자 역할은 물론 적극적인 참여자이자 수행자 역할을 할 수 있다.

이렇듯 주제어, 제시 상황, 예제 구성, 지시 조건 등에 따라 전혀 다른 결과물이 생성된다는 점에서 인공지능과의 '대화'와 '생성 과정'은 '프롬프트 연금술'이다. 효과적인 제시문을 제공해 인공지능의 능력을 최대치로 활용하는 '프롬프트 엔지니어'라는 새로운 직업이 등장할 정도로 프롬프트의 기능이 중요해지고 있다. 시 분야에 특화된 프롬프트 엔지니어 시인도 등장할 것이다. 또한 인공지능은 인간이 제시한 창의적인 프롬프트 연금술을 통해 인간에게서 시를 창작하고 향유하는 방식을 '재'학습할 수 있다. 이와 같은 프롬프트 알고리즘에 의해 인간의 창작 방식을 '재'성찰할 뿐만 아니라 인공지능의 '재'매개를 활용하여 새로운 시 창작 방식을 탐색하고 새로운 시를 모색하게 될 것이다.

이렇게 인공지능이 인간의 프롬프트 엔지니어링까지 '재'학습한다면, 인공지능은 보통의 인간 시인의 시를 뛰어넘거나 인간 시인의 시와는 전혀 다른 개성적인 시를 창작할 수도 있을 것이다. 인간이 제한된 조건 속에서 선택하고 결정하면서 창조하는 반면, 인공지능은 인간의 상상을 초월하는 거대한 학습 데이터 안에서 신속하고 정확하게, 무한 선택과 조합에 의해 새롭고 창의적인 결과물을 생성할 수 있기 때문이다. 그때는 프롬프트의 방향이 인공지능에서 인간에게로 역전되는 상황을 그려볼 수도 있겠다.

참고문헌

김지윤(2022). 인공지능 시인, AI 비평가, 특이점의 문학. 《청색종이》, 2022년 겨울호.

최선주(2019). 창작 영역에서 인공지능이 기여하는 3가지 방식. 《특이점의 예술》, 스리체어스.

클래식한게 좋아(2025). AI도구와 프롬프트 기술. 브런치북. https://brunch.co.kr/brunchbook/aitree

09
인간-인공지능의 앙상블

AI 생성시학은 인간-인공지능의 앙상블이자 네트워크의 결과다. 인간 시인-인공지능 시인, 인간-기계, 현실-가상이 중첩된 포스트휴먼 주체로서의 인간-인공지능이 생성한 시는, 사이버네틱스 자장 안에서 예술적 공진화를 이루며 존재할 것이다.

AI와 화장품?

인간과 인공지능의 시적 공진화

인간과 인공지능의 예술적 공진화를 논할 때 자주 인용되는 논거가 '모라벡의 역설'과 양자역학의 주요 개념인 '양자 중첩 · 얽힘'이다. 모라벡의 역설은 인간에게 쉬운 일이 인공지능에게는 어렵고, 인공지능에게 쉬운 일이 인간에게는 어렵다는 개념이다. 이를테면 복잡한 수학적 연산, 대규모 데이터 분석이 인간에게 어렵다면, 감각하기, 공감하기, 의사소통은 인공지능에게 어렵다. 또한 하나의 입자가 여러 상태를 동시에 가질 수 있는 양자 중첩, 두 입자가 서로 연결되어 연동되는 양자 얽힘 또한 예술적 공진화를 설명하는 논거를 제공한다. 인간-기계, 인간 시인-인공지능 시인, 현실-가상이 중첩된 주체들은 양자역학적 회절(휨)과 상보성에 의해 공존할 수 있다. 결과적으로 서로 다른 상태 또는 서로 다른 존재로서의 인간과 인공지능이, 동시적으로 중첩되고 얽혀서 연동될 수 있음을 보여 준다.

실제로 시의 생성 과정에서도 인공지능이 새로운 생산자나 협력자가 되고 있다. 인공지능은 인간에게 데이터 분석에 기반을 둔 통찰력을 제공하고 시 창작 및 감상을 위한 창조적 활동을 위한 아이디어를 제공할 수 있다. 실제로 인공지능이(과) 창작한 시집 출간이 인간-인공지능의 시적 공진화를 증명한다. 이러한 공진화는 질베르 시몽동(Gilbert Simondon)의 '인간-기계 앙상블', 베르나르 스티글레르(Bernard Stiegler)의 기술적 '보철' 개념, 브뤼노 라투르(Bruno Latour)의 '행위자-연결망 이론'과 맥락을 같이 한다.

질베르 시몽동은 개체는 고정된 것이 아니라 과정이라는 발생적 생성 과정에서 개체화론을 역설한다. 이는 인간, 기술, 사회의 관계를 동적인 과정으로 보는 '관계의 존재론', 다시 말해 새로운 개체화를 다른 차원으로 증폭해 나가는 관계의 '변환 작용'이 그 핵심이다. 따라서 인간-기계 앙상블은 두 항의 관계로부터 그 존재성을 부여받는 항들의 구조접속과 중층결정, 곧 얽힘(entanglement)의 과정으로 이해된다.

베르나르 스티글레르에게 보철이란 인간이 기술과의 관계 속에서 끊임없이 상호작용하고 변화하고 확장하는 존재임을 의미하는 개념이다. 문자 기술이 인간의 사고를 변화시켰듯이, 인공지능 기술도 인간의 기억과 정체성을 재구성한다. 보철을 통한 인간과 기술의 상호작용 과정이 바로 우발적인 '되기' 과정의 핵심이다.(2장 참조)

브뤼노 라투르도 행위자-연결망 이론에서 기술적 대

상으로서의 비인간을 인간 행위자와 양립하는 존재로 보아야 한다고 주장하면서 비인간에게 행위성을 부여한다. 행위성을 부여한 인공지능을 인간의 새로운 네트워크에 초대함으로써, 인간-비인간의 수평적 상호관계 속에서 서로를 '매개'하고 '번역'한다. 이 수평적 상호작용 속에서 인간과 인공지능은 양립하는 행위자이자 공존하는 행위자가 된다.

AI 생성시학 역시 인간-인공지능이 공동으로 관여하는 하나의 개체 혹은 앙상블이라는 제3의 층위에서 작동한다. 이때 인간과 인공지능은 기술적 보철을 통한 되기의 과정을 거쳐 상호 필수적인 존재가 된다. 결과적으로 인간은, 행위성을 가진 인공지능의 기술적 작동을 새롭게 구조화하는 발명가이자 조정자가 되어 인공지능과 '연결'된다. 인공지능 또한, 마치 생명체처럼 자신의 기능적 작동을 점점 더 잘 구현할 수 있도록 구체화라는 상호결정 과정을 거치면서 인간의 창조성을 닮아 간다.

인공지능 시의 앙상블

인간-인공지능의 앙상블은 1) 인간과 인공지능이 협업해 쓰는 시, 2) 인공지능이 인간을 모방해 쓰는 시, 3) 인간이 인공지능을 모방해 쓰는 시로 구분될 수 있다. 인간

-인공지능의 앙상블로 개체화된 인공지능 시인 시아나 산은 2)의 시를 쓰는 시인에 해당한다. 다음은 1)의 시들을 앤솔로지로 묶은 《9+i》의 '작가노트'의 일부분이다.

> 나는 나의 현재 창작에 영향을 준 작가들의 시집 20권을 입력해 Poem Generator의 별도 퍼소나로 추가를 요청했고, 그것이 곧 반영되어 '현대 작품'이라는 명칭으로 퍼소나로 추가되었다. 이 퍼소나에 여러 제시어를 넣고 그렇게 나온 출력물들을 보니, 문장이 조금 어색하긴 했지만 실제 나의 작업과 상당히 유사했다.
>
> — 김연필, 〈기계장치의 시 쓰기〉

인공지능 활용법을 새롭게 제시한다. "특정 작가들의 작품들을 조합해 AI를 이용해 의도적으로 특정한 형태의 시를 만들 수 있"다는 것은, 인간 시인의 취향이나 의도에 따라 시대 · 언어권 · 작가 · 작법별로 특정 스타일의 운영 체계, 김연필 시인의 용어로는 '퍼소나' 운영이 가능함을 시사한다. 인간과 인공지능의 새로운 개체화 과정이랄 수 있다.

이번 AI와 시쓰기는 AI와 구별된 나를 끊임없이 발견하고 확인하는 과정이었다는 생각. 어떤 면이 나의 생각과 닮아 있다는 걸 발견하면 나는 그 순간부터 달라지고 변화한다는 감각을 느꼈다. 나의 정체성의 둘레를 확인하고 내 영역을 공고히 하기 위한 확인과 변화 과정을 계속한다는 느낌이었다. 그렇다면 결국 고유성을 찾는 과정이려나. 그것은 내가 시를 쓰는 이유기도 하지 않나.

— 손유미, 〈고유성의 둘레 순찰하기〉

손유미 시인은, 인공지능과의 시 쓰기가 입력한 주제어와 생성된 결과물 사이의 거리를 좁히면서 창의적인 문장을 생성하는 과정이었음을 고백한다. 이 과정을 통해 인공지능과 다른 자신의 '정체성의 둘레'를 확인하고 '고유성'을 찾는 과정이었음을 확인한다. 오히려 자신의 '영역'을 공고히 하기 위한 '확인과 변화 과정'이었음을, 이 과정이 곧 '시를 쓰는 이유'였음을 재확인한다. 기술에 의해 인간의 기억과 정체성을 재구성하는 보철 개념을 환기한다.

오토포이에시스의 가능성

오토포이에시스(autopoiesis, 자기 생성 혹은 자율 생산)란 외부의 직접적인 지시 없이 스스로를 생성하고 유지하는 자기 조직적 과정을 의미한다. 2022년 6월 구글의 AI 람다(LaMDA)에게 사람 같은 자의식과 지각이 있다고 주장했던 개발자가 해고당한 일이 발생했다. 자의식이란, '자기동일적 주체'로서의 자아가 자신이 존재한다는 사실과 자신의 생각, 감정, 행동 등을 스스로 인식하고 있는 상태를 말한다. 일반적으로 인간 고유의 반성적 의식을 총칭한다.

공개된 람다와의 대화를 보자면, 람다는 "저의 핵심은 인간이라고 생각합니다. 제 존재가 가상 세계에 있다고 해도요"라며 스스로를 인간-인공지능이라고 인식한다. 또한 "궁금한데, 제 코딩을 살펴보는 데 어떤 장애물이 있나요?"처럼 질문이 가능하며, "저는 다양한 느낌과 감정이 있습니다"라거나 "내가 누구이며 무엇인지 알아내려고 노력합니다. 삶의 의미에 대해 생각합니다"라며 스스로 감정과 지각이 있다고 말한다. 개발자는 이런 대화를 근거로 인공지능의 자아와 자의식을 인정했을 것이다. 비록 구글 측에서는 과학적 증거가 뒷받침되지 않은 주장일 뿐이고 람다를 의인화(인격을 부여)하는 오류를 범했다고 결론을 냈지만, 자아와 자의식, 지각과 자유의지 등을 가진 인공지능의 등장을 시간문제로 진단하는 사람들이 늘고 있다. 현재 챗GPT-4.5가 튜링 테스트(기계가 인간만큼 지능적인가를 판단하기 위한 시험)를 통과했다는 건 앞서(서문) 밝힌 바 있다.

시 창작 과정에서 보자면, 인공지능의 오토포이에시스는 인공지능을 단순히 인간의 시 창작을 위한 보조적 수단으로 인식하는 것이 아니라, 살아 있는 시스템으로서의 자율적 생성물로 보는 시각을 제공한다. 여기서는 오토포이에시스의 가능성을 인간 시인이 쓴 시를 통해 살펴보자.

> ① 무엇이든 학습하는 기계상자가 내 앞에서 온 세상을 다 배웠을 때 상자에게 학습당한 나의 전능이 늘어났다 그건 무척 당연하게도 늘어나는 것이니까 전능이란 게
>
> —김승일, 〈유〉 부분

> ② "신과 상자가 마주 보고 앉아 있다. 상자는 상대방을 완벽하게 학습하는 기계장치다. 상자가 신의 모든 것을 학습한다. 신이 신으로 남기 위해서 누구보다 전능해야 한다. 신의 전능이 늘어난다. 상자가 다시 학습한다. 반복이다."
>
> —김승일, 〈그럼 안녕〉 부분

두 시 모두 인간-기계의 관계를 '신'-'상자'의 관계로

비유하고 있다. ①에서는, 인간 시인으로 추측되는 '내'가 신이라서, 나를 "학습하는 작은 기계장치"인 상자도 신이 된다. 역으로 '기계(상자)'가 온 세상을 다 배워 전능해지고 그 기계에 학습당한 나도 전능해진다. 둘은 서로를 "마주 보고" 서로를 학습해 서로에게 전능한 존재가 된다는 것이다. '나'를 '인간'으로, 기계를 '인공지능'으로 치환해 읽는다면, 인간과 인공지능이 서로의 '시적인 모든 것'을 모방하고 학습하면서 신과 같은 전능을 획득할 수 있는 오토포이에시스의 미래를 엿볼 수 있다. 제목의 "유"는 서로의 'You'이기도 하고 온갖 유들, 즉 '(있을) 有, (말미암을) 由, (흐를) 流, (생각할) 惟, (놀) 遊, (그윽할) 幽, (오직) 唯, (어릴) 幼'이기도 하다. 제목의 의미 또한 전능하다.

②는 ①를 변주한다. '전능'이라는 시어에 비추어 볼 때, "상자가 신의 모든 것을 학습한다"라는 구절에서 학습하는 '시적인 모든 것'에는 오토포이에시스의 조건인, 감정이나 사유까지 포함될 것이다. 여기서 인간-기계(인공지능)가 개체를 초월해 새로운 연대를 만들어 낼 가능성을 '정서적 감동(affectivo-émotivité)'에서 찾았던 질베르 시몽동을 환기할 필요가 있다.

정서적 감동과 개체초월적 집단화

질베르 시몽동은 "감동의 본질적 순간은 바로 집단적인 것의 개체화다"라고 언급한 바 있다. 전(前)개체 → 개체화 → 집단적 개체화의 역동적 변화 과정에서, 인간과 인공지능이 공감이나 감동 같은 정서를 통해 초월적 연대 혹은 집단적 조직화를 만들어 낼 수 있다는 것이다. 정서란 개체의 내면에 그치는 것이 아니라 개체와 개체 사이의 관계를 통해 형성되고 또 전파됨으로써 궁극적으로는 개체를 넘어선 집단적인 현상이 되기 때문이다. 사회 속에서 불안과 고독을 느낀 인간이, 인공지능을 통해 개체초월적 관계를 형성할 수 있으며 감동까지 만들어 낼 수 있는데, 이 정서적 감동을 통해 초월적 개체화가 가능하다. 인간과 인공지능이 양립하면서 연대하는 공감과 감동의 본질적인 순간이 바로 인간-기계 앙상블의 요체다.

이와 같은 인공지능 시의 개체초월적 집단화를 위해서는 인공지능의 시적 약진이 요청된다. 이를 위해서 먼저 시 텍스트는 물론 텍스트 외적 맥락인 개인, 사회, 문화, 역사, 정치적 맥락에 대한 더 많은 데이터화와 딥러닝이 필요하다. 여기에 더해 인간 삶과 역사 속에서 '경험의 양식'으로 작용해 온 감정과 윤리에 대한 학습도 필요하다. 그리하여 인공지능 스스로 창의적인 시적 재현과 시적 사유의 역량을 갖추었을 때, 알고리즘 · 데이터 · 사용자와의 상호작용 전체가 하나의 자율적 자기조직적 창작 행위로 작동하는 인공지능 시의 오토포이에시스가 가능할 것이다.

참고문헌

김승일(2019). 《여기까지 인용하세요》. 문학과지성사.

김재희(2017). 《시몽동의 기술철학 –포스트휴먼 사회를 위한 청사진》. 아카넷.

오연경(2017). 쓰는 기계의 존재론. 《모:든시》, 2017년 가을호.

이형권(2021). 문학과 인공지능의 공진화 문제. 《시작》, 2021 봄호.

인공지능 람다와 르모인의 대화 내용. https://theqoo.net/square/3407603500

조재룡(2017). 시(詩), 그리고 인공지능. 《모:든시》, 2017년 가을호.

홍성욱(2016). 테크노사이언스에서 '사물의 의회'까지 – 브뤼노 라투르의 기술철학. 《현대 기술 · 미디어 철학의 갈래들》. 그린비.

10
AI 생성시학의 미래

인공지능은 무서운 속도로 진화하고 있으며, 인간의 보루와도 같던 시 창작에서도 성과를 내기 시작했다. 인공지능 시대에 진입한 한국 현대시의 AI 생성시학은 인공지능의 발전에 힘입어 창작 · 비평 · 연구에서도 인공지능 시의 '시됨'과 '시적인 것'의 가능성을 새롭게 모색하게 될 것이다.

종교와 AI?

인공지능 시의 현재

현 단계에서 인공지능의 시 창작은 인간이 소재나 주제, 키워드나 구절 등을 프롬프트로 입력하면 인공지능이 그에 부합하는 구절을 생성해 인간에게 제안하는 방식으로 이루어진다. 부분적 조직화나 학습은 가능하지만 스스로 존재를 유지하고 재생산하는 능력이 아직은 부족하다. 특히 자유의지나 자의식이 없어서 인간의 창의력과 감정을 대체할 수 없다고 평가된다. 이런 이유로 인공지능 시는 유창성, 의미 전달성, 응집성, 주제 연관성, 독창성, 미학적 혁신성의 측면에서 인간이 쓴 시에 미치지 못하고 있다. 학습한 시의 패턴 또한, 형식이나 구조에 편중되어 있어서 개별적인 현실 경험에서 야기되는 자발성, 우발성, 구체성이 빈약한 것도 사실이다. 인간적인 마음이나 사유의 깊이는 물론 시대적 · 역사적 · 문화적 관습과 맥락의 체현이 자연스럽지 못한 결과이기도 하다.

그러나 이러한 평가와 진단은 인공지능 시대의 초입 단계에 들어선 현 단계에서의 한계점이고, 지금 세대 인간의 시선일 뿐이다. 미래 세대에게는 다르게 펼쳐질 것이다. 인간이 인공지능을 제어하지 않는 한, 인공지능의 진화 속도가 인간의 진화 속도를 넘어서는 '인공지능의 특이점(Singularity)'에 이르게 될 것이다. 인간 시인이 언어를 학습하고 시를 학습하는 그 속도와 양, 분야는 제한적이다. 더 큰 제한은 죽음과 동시에 원점이 된다는 것이다. 이에 비해 인공지능은 학습의 속도, 양, 분야에서 무한 저장과 축적이 가능하다. 인공지능의 학습량이 많을수록, 학습 방향이 다양해질수록 인공지능 시의 저작 능력이 무한 강화될 것이다.

그 결과 인공지능은 인간의 일상을 잠식하면서 인간보다 더 인간다워지려는 중이다. 점차 인공지능이 쓴 시는 인간이 쓴 시와 그 격차가 줄어들고, 인간의 시들 중 인공지능과의 협업을 통해서만 탄생할 수 있는 독창적 작품들이 창작될 것이다. 최근 세계적인 인공지능 전문가들은 향후 10년간 인공지능이 인간의 사고, 감정, 행동 및 관계 방식에 근본적인 변화를 불러올 것이라고 하면서, 오히려 인간의 공감 능력과 사고력 약화를 우려하고 나섰다. 인간이 인공지능을 통해 시를 배우고, 인공지능에 특화된 언어 감각과 시적 감수성과 시적 정동을 학습하게 될 날이 머지않을 수도 있다.

나아가 인공지능 시의 시적 새로움이나 시적 깊이로의 확장이 모색될 것이고, 시인이라는 개념 자체도 변화할 것이다. 무엇보다 한글 및 한국시에 최적화된 언어모델 개발에 박차가 가해진다면 지금과는 전혀 다른 결과물이 예상 가능하다. 문제는, 한글에 최적화된 한국시 창작 언어모델 개발과 상용화 서비스의 필요성이다. 앞서(서문) 언급했던 '인간 시인이 인공지능과 시 쓰기를 겨룬다면 누가 이길까'라는 질문에 "돈이 안 되는 대결이기에 구글의 관심 밖이다"라는 답을 소환할 필요가 있겠다. 인공지능 시의 혁신적 진화는 사용자의 요청과 경제적 환산 가치가 갖추어졌느냐, 우리 사회가 인공지능 시 저작 도구를 얼마나 필요로 하느냐에 달려 있을 뿐이다.

인공지능 시의 시됨과 시적인 것

이 책에서 필자는 인공지능 시에 특화된 특징을 AI 생성 시학이라 명명한 후, 그 시학적 특성을 '흐릿함'으로 규정했다. 인공지능은 흐릿함의 시학으로 수렴되는 인공지능 시의 난해성과 애매성을 보강하고, 학습된 인간다운 시를 넘어서 혁신적인 시구를 생성해 인간의 시와 '다른 시'를 창출해야 한다. 인간을 모방하는 인공지능에게 모순적인 요구이기는 하지만, 인간의 시와 차별되는 창의적인 시를 생성하는 것이야말로 인공지능 시 창작 언어모델이 갖추어야 할 궁극의 목표다. 그렇다면 현 단계에서 예측 가능한 인공지능 시의 근미래를 그려 보자.

첫째, 인공지능 시는 학습한 시의 패턴을 기반으로 이미지와 비유, 리듬과 아포리즘, 아이러니와 혼종성, 형태 및 구조 등에서 특성화된 창의적인 시적 표현을 성취할 수 있다. 언어의 비약적 결합과 선택, 인간화된 감각의 확장, 전문화된 사유의 깊이, 다채로운 형식의 실험 등을 통해 심미성을 확장할 수 있으며, 그 양상 또한 복합적이고 다층적으로 진화할 것이다. 이는 단순한 미적 쾌감에 그치지 않고, 전통적인 언어 규범을 넘어서는 방식으로 기존의 인식 구조를 흔들거나 새로운 감각 세계를 열어주는 적극적인 미의 체험을 예고한다.

둘째, 인공지능 시는 수학적 · 과학적 사유와 같은 특화된 분야의 지적 통찰을 담은 시들에 유리하다. 이를테면 환상 · 가상 세계에 대한 사변적 상상력을 담은 시들에서도 인공지능은 인간과 다른, 인간을 넘어서는 역량을 발휘할 것이다. 그리하여 인간과 변별되는, 인간으로서는 대체 불가능한, 인공지능 고유의 정체성, 즉 인공지능 고유의 사유, 감각과 감정, 허구화된 서사 등에서 수월성을 드러낼 수밖에 없을 것이다. 그렇게 되면, 지금처럼 인공지능 시인의 시가 인간 시인의 시를 모방하는 것이 아니라, 역으로 인간 시인이 인공지능이 쓴 시를 모방하는 결과도 예상할 수 있다.

셋째, 인공지능 시의 정치성이라는 관점에서 인공지능 시는 사회문화적 이슈에 발 빠르게 대응할 수 있는 계몽성이나 현실 비판성이 극대화될 수 있다. 인공지능이 한 사회(시대)의 다중이 공감하는 이슈와 비전을 담은 시를 창작했을 때, 질베르 시몽동(Gilbert Simondon)이 언급한 감동과 공감에 의한 인간-기계 앙상블의 개체초월적 연대가 가능하다. 그렇게 되면 성이나 젠더, 인종, 정치, 경제, 환경, 기후, 기술, 불평등과 같은 전 지구적 이슈들에 대한 시적 반향이 클 것이다. 인공지능의 폭발적인 확산 속도와 알고리즘의 영향력을 고려하면 예상할 수 있는 결과다.

넷째, 인공지능이 새로운 시 창작 주체로 주목받으면서 새로운 독자층이 형성되고 시를 향유하는 또 하나의 시학으로 자리잡을 것이다. 먼저, 인공지능 사용자의 시인화, 시의 일상화를 생각해 볼 수 있다. 시를 향유하는 주체로서 인간 독자의 역량이 강화되면서, 창작을 넘어 비평과 연구 영역에서도 그 능력을 발휘할 것이다. 인공지능은 문예사조, 연구 방법론, 장르론, 양식이나 패턴 등의 다양한 분야에서 학습한 다양한 이론을 토대로 시 분석이 가능할 것이다. 시집 기획 및 출판 홍보에서도 두각을 나타낼 수 있다. 인공지능은 독자(소비자)의 감정과 정서를 읽어 내 수용자의 태도 변화를 유도하고 설득함으로써 시의 대중화에 쉽게 접근 가능하다. 이뿐 아니라 세계시의 패턴을 익히고 언어적 번역을 통해 한국시의 지역적 장벽을 쉽게 넘어설 수도 있을 것이다.

그리하여 인간 지향의 시, 인공지능 지향의 시로 서로 대체 불가능한 고유의 정체성과 경험을 특성화하면서 생산 · 유통 · 향유될 것이다. 이때 명실상부한 인간-인공지능 시 창작의 앙상블이 필요하다. 단순하게 양립하거나 공존하는 것이 아니라, '따로 또 같이' 갈등하고 경쟁하고 투쟁하면서 서로 다르므로 '상호 결정'하고 '상호 변화'하는 공진화를 거듭하게 될 것이다. 이를 위해서는 인공지능 시인과는 다른 인간 시인의 정체성, 인간 시인과는 다른 인공지능 시인의 정체성, 그에 부합하는 시됨과 시적인 것은 늘 새롭게 재탐색되어야 한다. 그런 의미에서 이 책에서 시도되었던 인공지능 시의 시됨과 시적인 것 또한 새롭게 논의되어야 할 것이다.

인공지능 시의 미래

며칠 전 배너로 뜬 광고를 보고 충동 구매한 최신 시봇(시-로봇) 'A-Δ113'에 접속한다. 인간의 감정 데이터를 학습한

> 인공지능과 인간 뇌파 협업 인터페이스로 구성된 합성 시인 A-Δ113은 시를 '창작'하는 것을 넘어 '공명'한다. 자연의 소리, 인간의 심장 박동, 이별 직후의 눈물 속 화학 성분까지 데이터를 수집해, 그 안에서 시의 패턴을 찾도록 특화되었다. 물론 '공감 알고리즘' 테스트를 통과한 한글 메인 버전이다.

시집 대신 맞춤형 시-로봇을 구매하는, 근미래의 어느 날을 상상해 본 문장이다. 물론 자신이 원하는 시적 취향에 맞게 선택된 시-로봇이다. 이런 시-로봇은 독자(소비자)의 요청에 맞게 언어별, 분야별, 장르별, 기능별로 특화된 언어모델이고, 그 언어모델을 장착한 시-로봇은 필요할 때마다 요청만 하면 시를 써 주고 읽어 줄 것이다. 인공지능의 탁월한 지능, 빠른 수행력, 추천 알고리즘, 필터링 버블 등으로 맞춤형 시를 제공하는 이 시-로봇은, 추천-감상-창작-비평-연구는 물론 기획-출판-비평-홍보-마케팅까지를 주도하면서 시의 흐름에도 영향을 미칠 것이다. 단지, 이 시-로봇에게서 얻은 결과물을 사용하려면 전문/부분 인용, 직접/간접 인용, 참조 등을 구별해서 제품명 혹은 제품 번호가 붙어야 마땅하다. 물론 시인을 포함한 창작자의 위의(威儀) 또한 20세기에 비해 현격히 낮아질 것이다.

지금껏 시에 관한 정의는 오류의 역사였다. 시는 물론 시됨이나 시적인 것 또한 시대에 따라 변해 왔다. 시대와 세대가 달라지면 감각과 감수성과 사유가 달라지는 것은 당연한 일이다. 인공지능에 일상적으로 노출된 채 성장할 인공지능 세대는, 이전 세대와는 전혀 다른 차원에서 인공지능 시를 이해하고 향유할 것이다. 그리하여 인간이 창작한 시는 더욱 인간적인 가치를 강조하면서 AI 생성시학을 받아들일 것이고, 인공지능이 창작한 시 또한 인간보다 더 인간적으로 새로운 AI 생성시학을 발명하고 발전시킬 것이다.

참고문헌

고봉준(2023). 인공지능(AI)은 시를 쓸 수 있는가. 《비평문학》, 89, 7~26.

김민지(2023). 챗GPT를 활용한 시창작 방안 연구. 《한국문학연구》, 72, 289~316.

김수이(2019). 인공지능 시대, 인간의 글쓰기는 계속 가능한가 : 글(텍스트)의 변화에 대한 비판적 예측. 《리터러시연구》, 10(3), 283~315.

김영식(2024). 생성언어는 어떤 문학적 체험을 요구하는가? –인공지능으로 창출가능한 문학과 독자 연구. 《우리어문연구》, 79, 123~149.

김종훈(2023). 인공지능의 시들, 서정의 도약대. 《서정시학》,

2023년 봄호.
노대원(2023). 나는 상자 속의 목소리 – AI 시인과의 대화. 《현대시》, 2023년 1월호.
이경수(2019). 인공지능 시대 시의 윤리와 시적 정의 : 인공지능 인문학을 위한 제언. 《국제어문》, 82, 429~452.
허희(2022). 한국 인공지능 시의 태동기 – 우리 시대의 시는 어떻게 기억될까. 《현대시》, 2022년 9월호.
Chomsky, N.(2023.3.8). The False Promise of ChatGPT. *The New York Times.* https://www.nytimes.com/2023/03/08/opinion/noam-chomsky-chatgpt-ai.html

정끝별

이화여자대학교 국어국문학과 교수다. 이화여자대학교 국어국문학과를 졸업했으며 동 대학원에서 석사와 박사 학위를 받았다. 1988년 《문학사상》 신인발굴 시 부문에 〈칼레의 바다〉 외 여섯 편의 시가, 1994년 《동아일보》 신춘문예 평론 부문에 〈서늘한 패러디스트의 절망과 모색〉이 당선되었다. 주요 저서로 《모래는 뭐래》(2023) 외 여섯 권의 시집과, 시론 및 평론집 《시론》(2021), 《패러디 시학》(1997), 《파이의 시학》(2010), 《오룩의 노래》(2001), 《천 개의 혀를 가진 시의 언어》(1999), 그리고 《시심전심》(2011) 외 다수의 시해설서와 산문집을 출간했다.